"十三五"职业教育电子商务项目课程规划教材
总主编　张建军

电子商务案例分析

主　编　徐林海
副主编　刘志铭　吴海兵　焦莎莎　丁　珏

东南大学出版社
SOUTHEAST UNIVERSITY PRESS
·南京·

内容提要

本书为职业教育电子商务专业项目课程系列教材之一。本书所选案例反映了近年来国内外电子商务发展的最新情况,涉及现代物流、认证支付、金融服务、商业模式、云计算、大数据、移动电子商务、物联网应用等内容。

本书配套提供电子商务案例云服务平台(www.ceccase.com)。学生通过该平台可以阅读案例,点评关键句子,分析段落,总结全文,同时可开展互动研讨。教师也可通过该平台组织教学管理、案例学习和案例评分等。

本书也可以作为企事业单位的电子商务培训教材,或社会从业人士的参考读物。

图书在版编目(CIP)数据

电子商务案例分析/ 徐林海主编. —南京:东南大学出版社,2017.3
 ISBN 978-7-5641-6350-1

Ⅰ.①电… Ⅱ.①徐… Ⅲ.①电子商务—案例—职业教育—教材 Ⅳ.①F713.36

中国版本图书馆 CIP 数据核字(2016)第 025576 号

电子商务案例

出版发行	东南大学出版社
社　　址	南京市四牌楼2号　邮编　210096
出 版 人	江建中
网　　址	http://www.seupress.com
电子邮箱	press@seupress.com
经　　销	全国各地新华书店
印　　刷	南京京新印刷有限公司
开　　本	787mm×1092mm　1/16
印　　张	8.5
字　　数	223 千
版　　次	2017 年 3 月第 1 版
印　　次	2017 年 3 月第 1 次印刷
书　　号	ISBN 978-7-5641-6350-1
定　　价	23.00 元

本社图书若有印装质量问题,请直接与营销部联系。电话(传真):025-83791830

前　言

本书按照电子商务发展的支撑环境、发展模式及发展趋势的思路,分为13章,共包含29个案例,内容包括:物流服务环境、认证支付环境、金融服务环境、B2B模式、B2C模式、C2C模式、C2B模式、O2O模式、SNS模式、云计算、大数据、移动电子商务、物联网应用等。通过学习和分析这些案例,读者可以增强对电子商务相关理论知识的理解和掌握。

本书具有以下特色:

(1) 本书选择的电子商务企业案例内容贴近生活,典型真实。案例基本上反映了近几年来电子商务发展的最新情况,涉及现代物流、认证支付、金融服务、商业模式、云计算、大数据、移动商务、物联网应用等内容,使学习者对电子商务的未来发展有全面的认识。

(2) 本书配套提供了开放、共享、互动的电子商务案例云服务平台(www.ceccase.com)。学习者通过该平台可以获得更丰富的案例资源,同时也能在平台上进行交流,表达自己的观点。教师通过该平台可以进行案例的阅读点评、案例编辑、小组创建、班级管理、成绩评定等,能够基于web2.0和二维码识别对师生在平台上的活动展开三级点评。平台具有良好的互动和共享功能,特别提供了以往师生精彩点评的查询功能,有助于案例的深入研究和教学互动。

本书是多位学者、教师、电子商务高级管理人员和设计开发人员在实践和研究中不断积累、总结编写而成的,参与本书编写的专家有陈德人、张少中、徐林海、高功步、刘志铭、丁珏、焦莎莎、于龙、刘文专等。南京奥派公司、浙江大学电子服务研究中心、浙江万里学院、扬州大学等单位共同设计并开发了本课程的案例服务云平台。

电子商务行业在快速发展,电子商务创新的案例更是层出不穷,原有的案例也会随着时代变迁和企业发展而变化。因此,我们对于本书中的所有案例会继续不断地跟踪。对于本书案例内容可能存在的不足,恳请读者及时指正,以便我们能够在修订时完善。

编　者
2017年1月

职业教育电子商务项目课程规划教材编委会名单

主　任　张建军

副主任

徐林海　王传松　胡　革　陈　飞　张志伟　张绍来

委　员　（按姓氏笔画排序）

于　淼　马　蔚　毛岭霞　刘志铭　吴炎辉　吴贵山
吴婉玲　李红翠　张晓丽　李　娜　陆兰华　杨　俊
高　兴　董其清　董　敏

总　序

　　无论你在哪里,你都在网上,哪怕你孤单一人,你都在世界中——世界已进入互联网时代。在信息以几何级别的速度增长,知识更新周期越来越短,无处无网络,无处不可百度(网上搜索)的时代背景下,死记硬背知识内容已经不再具有特别重要的意义(必要的知识储备是不可或缺的);相反,培养学生获取知识、应用知识和创造知识的能力(概括为知识能力)则显得尤其重要。随着电子商务的发展,企业需要大量的电子商务技能型人才。职业教育无疑承担着培养这类人才的重要任务。然而,传统的以学科知识内容传授为主的教学方式是无法胜任的。教而有方,方为善教。职业教育先进国家已经在实践中证明,项目课程教学模式在培养技能型人才中的重要性和有效性。近年来,项目课程在国内职业教育界也得到越来越深入的研究,越来越广泛的认同和采用。作为项目课程教学活动的载体,项目课程教材是十分必要的,为此,国内很多教材作者进行了积极探索,也获得了不少成果。但毋庸讳言,迄今为止,国内现有的电子商务项目课程教材还不能完全适应现实需要。主要原因有4点:一是不少教材虽名为项目课程,但实际上只是将原来的学科知识内容划分为几个部分,把原来的"章"冠以"项目"的名义,而不是真正以工作任务(项目)为中心,选择、组织课程内容,因而不符合项目课程的本质要求。二是已出版的相关联教材之间,由于对内容安排缺乏统一规划,教材中内容重复或共同遗漏的现象比较严重,给广大师生选择教材带来了困扰。三是教材层次性不够清晰,一味求全、求深、求难的现象比较普遍。中、高等职业教育与普通本科的电子商务教材在内容上、难度没有明显区别,这势必造成学生学习上的困难,甚至影响学生继续学习的兴趣。四是教材内容的选取和编排顺序不尽合理,产生了许多知识断点、浮点、空白点甚至倒置现象。

　　东南大学是全国重点建设职教师资培养培训基地和教育部、财政部中等职业学校教师素质提升计划——电子商务专业师资培训方案、课程和教材(简称培训包项目)开发的承担单位,"十一五"以来,已进行10轮次来自全国的中职电子商务教师培训,培训教师人数已达300余人。在培训包项目开发和对教师的培训过程中了解到,参加培训的教师尽管系统学习了包括项目课程在内的各种教学模式、理论,但苦于没有合适的教材,无法将理论真正应用到教学实践中去。在此情况下,东南大学电子商务系和东南大学出版社作为发起单位,组织包括参加培训的学员在内的来自全国的数十所普通高校、高职、中职学校的教师，电子商务企业高级管理人员、电子商务营销高级策划人员、技术开发骨干等，在培训包项目开发研究的基础上，编写一套涵盖职业教育电子商务专业主要内容的项目课程系列教材。

本系列教材具有以下特点：

（1）定位中等职业教育：本系列教材的使用对象明确为中等职业学校的师生，以中等职业学校毕业生应聘电子商务领域就业岗位时所需要的职业能力为标准，选取教材内容，不求深，不求全，但求新，适应中、高职学生的知识背景。

（2）真正体现项目课程特色：根据工作任务（项目）需要，以项目为单元重新规划、布局课程内容（非以学科知识体系为逻辑），同时按照循序渐进原则，编排知识学习和能力培养的内容。

（3）内容新颖：教材内容紧跟电子商务行业发展现状，力求反映新知识、新技能、新观念、新方法、新岗位的要求，体现教学改革和专业建设最新成果。

（4）本系列教材编写人员既有来自学校的教学经验丰富的教师，也有来自企业的实践经验丰富的电子商务管理人员和工程技术人员。产业人员和教师互相合作，互为补充，互相提高，使本系列教材紧密联系学校教学与企业实践，更加符合培养技能型人才的需要。

（5）强化衔接：本系列教材将教学重点、课程内容、知识结构以及评价标准与著名企业相关人力资源要求及国家助理电子商务师的考试内容进行对应与衔接。

（6）创新形式：与国内著名电子商务教学软件研究与开发企业合作，共同开发包括职业教育电子商务专业教学资源库、网络课程、虚拟仿真实训平台、工作过程模拟软件、通用主题素材库以及名师名课音像制品等多种形式的数字化配套教材。

（7）突出"职业能力培养"：本系列教材以培养学生实际工作能力为宗旨，教材内容和形式体现强调知识能力培养而非单纯知识内容学习的要求，变以往的只适合"教师讲、学生听"的以教师主导的教学方式的教材为适合"学生做、教师导"的以学生为教学活动主体的教材，突出"做中学"的重要特征。

（8）统一规划：本系列教材各门课程均以"项目课程"为编写形式，统一规划内容，统一体例、格式，涵盖了中职电子商务教学的主要内容，有助于在电子商务专业全面实施项目课程教学，从而避免不同教学方式之间容易发生的不协调、不兼容的现象。

"不闻不若闻之，闻之不若见之，见之不若知之，知之不若行之，学至于行之而止矣。"荀子的这段话，道出了职业教育的最重要的特点，也道出了本系列教材编写的初衷，谨以此与广大读者共勉。

张建军
2017年1月于南京·东南大学九龙湖畔

目 录

1 物流服务环境 ·· 1
  1.1 联邦快递 ·· 1
  1.2 顺丰速运 ·· 5

2 认证支付环境 ·· 10
  2.1 天威诚信 ··· 10
  2.2 财付通 ·· 14

3 金融服务环境 ·· 18
  3.1 中国银联 ··· 18
  3.2 蚂蚁金服 ··· 21

4 B2B 模式 ··· 26
  4.1 阿里巴巴 ··· 28
  4.2 慧聪网 ·· 31

5 B2C 模式 ··· 36
  5.1 天猫商城 ··· 36
  5.2 苏宁易购 ··· 39
  5.3 京东商城 ··· 43

6 C2C 模式 ··· 47
  6.1 淘宝网 ·· 48
  6.2 58 同城网 ··· 52
  6.3 三只松鼠 ··· 55

7 C2B 模式 58
7.1 聚划算 59
7.2 尚品宅配 62

8 O2O 模式 67
8.1 携程网 68
8.2 美团网 71
8.3 沱沱工社 74

9 SNS 模式 77
9.1 Facebook 79
9.2 新浪微博 84

10 云计算 87
10.1 亚马逊的云计算 88
10.2 从位置到云端——Google 92

11 大数据 97
11.1 交通银行 97
11.2 大数据营销——燕格格 102

12 移动电子商务 106
12.1 滴滴出行 107
12.2 饿了么 110

13 物联网应用 115
13.1 华育迪赛 115
13.2 物联网技术在集装箱管理中的应用 122

参考文献 126

1 物流服务环境

电子商务与物流之间有着密切的关系,对这个关系把握最宏观的一个观点是"物流是电子商务的重要组成部分"。在电子商务发展的初期,人们十分强调电子商务中信息流、资金流的电子化、网络化,而忽视了物流的电子化过程,但随着电子商务的进一步推广与应用,物流对电子商务活动的影响日益增大,甚至成为瓶颈。人们清楚地意识到:没有现代化的物流,电子商务交易将难以推广。电子商务物流是现代物流的重要组成部分和新的发展方向,是新兴电子商务发展的重要支撑环境之一。电子商务对物流产生的影响则是全方位的,从物流业的地位到物流组织模式、再到物流各作业、功能环节,都将在电子商务的影响下发生巨大的变化。从物流总体发展情况来看,物流业的地位大大提高,供应链短路化,第三方物流成为电子商务环境下物流企业的主要形式;从物流的两个作业环节——采购与配送——的角度分析,采购将会更方便、价格更低,配送的规模与地位将大大提高,并且成为商流、信息流与物流的汇集中心;从物流的各功能环节看,库存集中化得到实现。库存集中导致运输集中,运输又被划分为一次运输与二次运输,更为方便的"多式联运服务"被广泛提供,开环流动的信息成为物流作业的主要依据。

1.1 联邦快递

案例网站:http://www.fedex.com/cn/

1.1.1 联邦快递简介

联邦快递(NYSE:FDX)是一家国际性速递集团,提供隔夜快递、地面快递、重型货物运送、文件复印及物流服务,其总部设于美国田纳西州。其品牌商标 FedEx 是由公司原来的英文名称 Federal Express 合并而成。其标志中的"E"和旁边的"x"刚好组成一个反白的箭头图案。

联邦快递是全球最具规模的快递运输公司,为全球超过 235 个国家及地区提供快捷、可靠的快递服务。联邦快递设有环球航空及陆运网络，通常只需一至两个工作日，就能迅速运送时限紧迫的货件，而且确保准时送达。

1.1.2 联邦快递的管理模式

1）管理原则

联邦快递之所以能取得史无前例的成就得益于以下 11 项管理原则：

（1）倾心尽力为员工：公司创始人、主席兼行政总监 Fred Smith（弗雷德）创建的扁平式管理结构，不仅有利于向员工授权赋能，而且扩大了员工的职责范围。

公司还曾耗资数百万美元建立了一个 FXTV（联邦快递电视网络），使世界各地的管理层和员工可建立即时联系。它充分体现了公司快速、坦诚、全面、交互式的交流方式。

（2）倾情投入：20 世纪 90 年代初，联邦快递准备建立一个服务亚洲的超级中心站，负责亚太地区的副总裁 Joe McCarty（麦卡提）在苏比克湾（Subic）找到了一个很好的地方。但日本怕联邦快递在亚洲的存在会影响到它自己的运输业，不让联邦快递通过苏比克湾服务日本市场。

联邦快递公司针对此事倾情投入，跨部门协同合作。通过联邦快递在美国的主要法律顾问 Ken Masterson（马斯特逊）和政府事务副总裁 Doyle Cloud（多约尔）联手，获得了政府支持。与此同时，在麦卡提的带领下，联邦快递在日本发起了一场大胆而又广泛的公关活动。最终成功使日本人接受了联邦快递连接苏比克湾与日本的计划。

（3）奖励至关重要：联邦快递经常让员工和客户对工作做评估，以便恰当表彰员工的卓越业绩。其中几种比较主要的奖励有：

Bravo Zulu（祖鲁奖）：奖励超出标准的卓越表现。

Finder's Keepers（开拓奖）：给每日与客户接触、给公司带来新客户的员工以额外奖金。

Best Practice Pays（最佳业绩奖）：奖励员工的贡献超出公司目标的团队以一笔现金。

Golden Falcon Awards（金鹰奖）：奖给客户和公司管理层提名表彰的员工。

The Star/Superstar Awards（明星/超级明星奖）：这是公司的最佳工作表现奖，金额相当于受奖人薪水的 2%～3%。

（4）融合多元文化：联邦快递有自己的大文化，同时也有各种局域文化。在超级中心站，它的文化在于其时间观念；而在软件开发实验室和后勤服务部门，它的文化则在于创新和创意；在一线现场，它强调的则是顾客满意度。

负责美国和加拿大业务的高级副总裁 Mary Alice Taylor（马丽）指出："我们的文化之所以有效，是因为它与我们的宗旨紧密相连，即提供优秀品质服务顾客。"

（5）激励胜于控制：联邦快递的经理会领导属下按工作要求作出适当个人调整，创造一流业绩。正如马丽在报告中所说："我们需要加强地面运作。我想，如果让每个员工专注于单一目标,就能整体达到一定水平。正因为此,我们才引入最佳业绩奖。它使我们能把 50 000 名员工专注于提高生产效率和服务客户。我们达到了以前从没想过能实现的另一个高峰,工作绩效接近 100%,而成本却降到最低水平。"

(6) 首要规则是改变规则:联邦快递选择了固定价格体系来取代按邮区划定的路程和运量定价体系,在货运业引起了巨大轰动。这一改变不仅简化了联邦快递的业务程序,也使客户能够准确预测自己的运输费用。弗雷德说服国会使 The Civil Aeronautics Board(美国民航管理委员会)解除对航空快运的限制后,开辟了隔夜送达货运业务,使对手公司也纷纷受益,整个行业的利润增加了 10 倍。

(7) 问题也有好的一面:联邦快递把客户的问题当作对自己的挑战和潜在的商业机会。联邦快递接到一家打算自己经营产品仓储和批发业务的全球性女装零售商兼家居饰品商的请求,为其提供系统跟踪订单、检查库存、安排运货时间服务,使其能实现接单送货在 48 小时内完成。联邦快递巨大的超级中心之所以能以这样大的规模存在,正是因为有各种公司不断请求他们帮助。

(8) 积极利用技术软件:联邦快递的经验证明,在这个信息时代,一个公司创造和整理的信息,其价值远不止于在公司内部使用。公司有一种 PowerShip(百威发运)系统,可以接订单、跟踪包裹、收集信息和开账单。公司约 2/3 的运输都是通过这个系统或者 FedExShip(联邦快递发运)电子运输系统来完成的。

(9) 犹豫就会失败(但必须看准才动):尽管公司顾问担心弗雷德打算提供的隔天下午送货业务(next-day afternoon delivery)可能会影响到公司的其他服务项目,如优先服务和经济送货,但弗雷德认为,新的服务会带来利润,还能消除早晨优先送货(priority morning delivery)和下午经济送货(economy run)之间的闲置期。他的预感得到了证实。两天到货的业务增长不断,隔夜到货的优先服务也持续增长。在联邦快递,经理都按直觉办事。

(10) 该放手时就放手:联邦快递采用最新技术,通过卫星相连、传真处理文件,然后送货上门的新尝试——ZapMail(专递邮件),因低成本的传真机充斥商业市场而宣告失败就是一个教训。不过,这算不了什么。联邦快递从一开始就把冒险作为公司的制度。因此,其他一些看上去不那么合理的举措还是获得了成功,如第一个辐射式发运系统、专用运输机队、联邦快递技术的电视广告等。

(11) 努力决定形象:令人仰慕的形象要花很多年建立,要经过周密的计划,利用不同的资源,一心一意去做才能把它传递出去。公众现在已经把"交给联邦快递"这句话同遵守诺言等同起来,这可以说是联邦快递的成绩之一。

2) 联邦快递的可信赖营销

自公司建立起,可信赖已成为联邦快递品牌的一个关键品质。

(1) 广告打造形象:每年联邦快递都会投入大量资金开发和推广广告,以表现联邦快递想要表达的所有品牌诉求：使命必达、团队、速度、安全以及强大的背景。事实上，在新传媒电视集团的"广告追踪"每月广告回忆调查中，联邦快递公司的电视广告曾经以82%的回忆率被选为观众回忆度最高的广告。

(2) 与体育结盟：在利用广告宣传打造联邦快递"使命必达"可靠性的同时，联邦快递还积极赞助各种盛大体育赛事（如 NFL、NBA 等），进一步展现其高度可靠的品牌形象，成为"最值得信赖的选手"。

3) SFA

所谓 SFA，即"Survey"（调查）、"Feedback"（反馈）、"Action"（履行的步骤）。

SFA 需要员工与他们的主管共同参与。它遵循的法则其实就是它字面所代表的含义：调查、反馈、实行的步骤。通过 SFA 的各个步骤，员工与主管之间可能更好地彼此了解和沟通，及时发现存在的问题，从而找到好的措施解决已经出现的问题。

4) P-S-P

联邦快递常自豪于它的"紫色血液"，因为它的管理者91%都是内部提升，配合"内部提升"实施的是公司在员工成长上的不断投入，这些做法都源自公司 P-S-P 经营理念。

所谓 P-S-P 即：员工、服务、利润。从一个简单的角度来看 P-S-P 经营理念，就是：联邦关心他们的员工，为员工创造良好的工作环境，在工作中给予员工最大的支持与帮助，激发他们工作的积极性，让他们在工作中取得成绩。这样员工就能为客户提供高品质的服务，而满意度高的客户就能带给联邦更多的业务，从而给公司带来效益。这份效益又惠及员工，形成一个良性的循环。

【案例点评】

"以人为本"首要之处就是要有一种平等的理念，尊重每一个员工。联邦快递，特别强调员工的话语权，如公司在美国上市时出席仪式的不仅有总裁还有递送员。当然平等不能只挂在口头上，在制度上还要有所保证，如联邦快递公司设有"员工公平对待条例"，员工受到处分如觉得不合理，可以在7天以内投诉到他上司的上司，他上司的上司要在7天内开一个"法庭"来进行判定；如果员工仍不满意，可以继续申诉，确保得到公平的对待。

【思考题】

(1) 从本案例的分析中，你得到了哪些关于快递公司管理与营销方面的启示？

(2) 以本案例为基础进行思考，一个持续发展的快递企业需要具备哪些素质？

1.2 顺丰速运

案例网站:http://www.sf-express.com/cn/sc/

1.2.1 顺丰简介

顺丰速运(集团)有限公司(以下简称顺丰)于1993年3月27日在广东顺德成立。初期的业务为香港之间的即日速递业务,随着客户需求的增加,顺丰的服务网络延伸至中山、番禺、江门和佛山等地。在1996年,随着客户数量的不断增长和国内经济的蓬勃发展,顺丰将网点进一步扩大到广东省以外的城市。截至2014年,已建有3个分拨中心、近100个中转场以及2 000多个营业网点,覆盖了国内34个省级单位,近200个大中城市及900多个县级市或城镇。2016年,顺丰筹备A股上市,资产作价433亿元。2017年1月重组增发上市,股票名称顺风控股(002352)。

顺丰作为一家主要经营国际、国内快递业务的港资快递企业,为广大客户提供快速、准确、安全、经济、优质的专业快递服务,是中国速递行业中民族品牌的佼佼者。

1.2.2 顺丰的经营理念

顺丰一直本着"成就客户,推动经济,发展民族速递业"的经营理念,积极探索客户需求,不断推出新的服务项目,为客户提供快速、安全的产品流通渠道,同时,帮助客户缩短贸易周期,降低经营成本,提高产品竞争力等,使客户能更快、更好地对市场做出反应。

为了向客户提供更便捷、更安全的服务,顺丰网络全部采用自建、自营的方式,并致力于加强公司的基础建设;在统一全国各个网点的经营理念,大力推行工作流程的标准化,提高设备和系统的科技含量的同时,顺丰还苦练内功,不断提升员工的业务技能和素质,努力为客户提供更优质的服务,竭尽全力打造"顺丰"这一民族速运品牌。

1.2.3 顺丰的商业模式

1) 价值主张

(1) 探索客户需求,为客户提供快速安全的流通渠道。速度是快递市场竞争的决定性因素,也是顺丰的核心竞争能力。顺丰有着自己的专运货机。这无论从配货的机动性上还是从输送快件的时效性上,都具有相当的主动性。据了解,无论是同城快递还是城际快递,顺丰都比其他民营快递快约20%。

(2) 统一全国网点,大力推行工作流程的标准化,提高设备和系统的科技含量。长期以来,顺丰不断投入资金加强公司的基础建设,先后与IBM、ORACLE等国际知名企业合作，积极研发和引进具有高科技含量的信息技术与设备，建立了庞大的信息采集、市场开发、物流配送、快件收派等业务机构，建立服务客户的全国性网络，不断提升作业自动化水平、信息处理系统的科技含量，实现了对快件流转全过程、全环节的信息监控、跟踪、查询及资源调度工作，促进了快递网络的不断优化，确保了服务质量的稳步提升，奠定了业内客户服务满意度的领先地位。

（3）打造民族速运品牌。以客户需求为核心，提升员工的业务技能和素质，谨守服务承诺，建设快速反应的服务团队，努力为客户提供更优质的服务。全天候不间断提供亲切和即时的领先服务。从客户预约下单到顺丰收派员上门收取快件，1小时内完成；快件到达顺丰营业网点至收派员上门为客户派送，2小时内完成，实现快件"今天收明天到"（除偏远区域）。尽量缩短客户的贸易周期，降低经营成本，提高客户的市场竞争力。

（4）不断推出新的服务项目，帮助客户更快更好地根据市场的变化而做出反应。顺丰把快递服务当作一般商品，不时地推出新的营销计划或套餐。时常有优惠更吸引顾客也更有利于顾客。例如：2010年7月1日起，顺丰打造高价值物品的安全通道，为客户的高价值物品（2万元以上，10万元以下）提供优质安全的快递服务。顺丰把服务完全当做一种产品。

2）消费者目标群体

顺丰的价格与其他快递公司相比相对较高，标准的价格是19元，而EMS是12元，其他的几家都差不多在10元左右，有的甚至更低。价格决定了目标客户，顺丰的主要客户是月结客户，对象主要是企业。针对自己的客户，顺丰人性化地为客户开通代寄件方客户向收件方客户收取货款，次周、隔周返还货款的服务。近年来，随着企业的发展壮大，业务不断扩张，顺丰已成长为一条巨大的中国龙，并已将龙须伸向了国外市场。

3）分销渠道

对于一家物流公司来说，真正能够给顾客带来便利的是覆盖全国最大范围内的网点，这也是抢占市场的关键。顺丰的网点覆盖范围正不断扩大，2010年顺丰开始扩展国外业务，在韩国开通了收派服务，在新加坡设立营业网点，覆盖了新加坡（除裕廊岛、乌敏岛外）的全部区域。

到2016年，顺丰在中国大陆已建有2 200多个营业网点，覆盖了国内32个省、自治区和直辖市，近250个大中城市及1 300多个县级市或城镇，并已基本覆盖台湾地区的主要城市和香港特别行政区。

4）客户关系

在客户关系管理这一方面，顺丰做得最多的是它的公共关系。顺丰没有花很多的资金做营销，创始人甚至多次拒绝电台的专访。顺丰在自身的企业文化建设上特别注意"企业公民"形象的建设，从2002年到2016年，顺丰多次为希望工程、各大慈善基金、地震灾区、各大贫困山区捐赠现金和物资,并助养地震灾区儿童,参与少数民族村落水电站建设帮扶项目,2009年,为更好地帮助无助者,顺丰正式成立了广东省顺丰慈善基金会。

1.2.4 顺丰的经营模式

1) 明确的战略定位

扎根中端,发展中端产品,逐步拓展中高端是顺丰的战略定位。中高端的企业品牌,既对现有中高端客户产生拉动作用,又与未来的中高端客户的需求相匹配。顺丰在致力于提供质量稳定的标准产品/服务来满足目标客户基本需求的同时,研究开发各种增值服务,构建合理的产品体系,以满足更广泛类型的中高端客户的差异化需求,来打造中高端的企业品牌,提供给客户超值的感受。

2) 未来业务发展方向

顺丰未来发展方向为:立足核心业务、强化支持手段、稳步拓展多元化业务。顺丰将坚持以速递业务为核心业务,通过整合航空和地面关键资源、发展强大的信息系统等支持手段,保障核心业务领域的竞争力;以相关多元化为业务主要延伸方向,积极探索仓储配送服务、电子商务等与速递业务相关的多元化领域,并作为种子业务加以培育,储备未来业务新兴增长点。

3) 主要措施

(1) 自建网点、两级中转:顺丰坚持以自建网点的形式拓展业务,确保对运营网络的控制,从而保证快递产品流转过程中的作业标准化和信息透明化。

(2) 广泛的运营网络:顺丰集团分别从空中和地面两个维度构建快速高效、覆盖广泛的运营网络。

(3) 直营网络自主化管理:为提升服务质量和快件安全,顺丰按照网点自营方式进行网络扩张,实现网点管理自主化、人员管理自主化、车辆管理自主化,但同时分区管理,某一级组织、某一个收派人员负责某个区域的业务拓展,职责明确。

(4) 服务模式:顺丰竭力构建专业、安全、快捷的服务模式。

(5) 跨界经营:顺丰开通了网上商城顺丰E商圈。E商圈经营的商品囊括了数码、母婴用品、商务礼品等商品。主打中高端物流服务的顺丰,凭借物流配送优势将网上零售业务作为一个产品来运作,同时其还推出了配套的支付工具——顺丰E商圈宝。

1.2.5 顺丰的技术模式

1) 快递信息系统

顺丰集团资讯科技本部涉及的业务管理系统种类大体分为以下几个方面:

(1) 营运类业务管理系统:面向对象为营运本部用户,通过此类系统可对顺丰全网的营运业务做出有效的调度配置和管理。

（2）客服类业务管理系统：面向对象为客户服务部门及其全国呼叫中心，通过与顾客的信息交流互动，实现顺丰的快速及时服务。

（3）管理报表类管理系统和综合类管理系统：此类管理系统涉及营运、客服、管理报表的三项业务类系统整合，是对前三类管理系统的业务统一合并，同时也是对前三类管理系统的有效补充。多个业务管理系统整合统一化、集中平台化管理是顺丰的发展重点。

2）自有庞大的服务网络

顺丰自1993年成立以来，每年都投入巨资完善由公司统一管理的自有服务网络：从蜗隅中山，到立足珠三角，再到布局长三角；从华南先后扩展至华东、华中、华北；从大陆延展到香港、台湾，直至海外。顺丰的自有服务网络具有服务标准统一、服务质量稳定、安全性能高等显著优点，能最大限度地保障客户利益。

2010年11月，顺丰与飞友科技达成合作协议，顺丰利用飞友科技提供的VariFlight航班动态技术升级顺丰内部信息系统，加强对顺丰航空运输物品的离港进港的监控，通过VariFlight技术实时了解顺丰速运航班起降情况，从而提升顺丰工作效率。顺丰为提高整个物流速递体系服务效率迈出了坚实的一步。顺丰表示，将继续加强信息化建设，使顺丰信息化服务水平再获提高。

3）顺丰速运app

在企业迅速发展的同时，顺丰不断思考，如果用户对快递流程的信息感知更前置、更可控，快递员和收件人之间信息沟通前置，最后一公里的效率是否可以得到提升？于是顺丰就成为第一个吃螃蟹的快递企业：在推出的app中加入一键转寄、服务店代收的自提快递功能。自此，顺丰改变了旧有的收派件快递模式，成功提升了最后一公里的效率。

除了提升收货效率外，顺丰还在app中实现设有两道增强用户信任机制的功能，一是增加了快递员的头像推送，让用户提前知道将和自己联系的快递员的基本信息。二是地址代码加密，将一个具体的地址转换为唯一地址代码，不必填写详细地址，只有通过app才能知道具体的收件地址。

4）顺丰速运微信服务

顺丰微信服务，是其顺应时代发展，与全国使用人数最多的微信软件进行合作的结果。只要手机中装有微信的朋友，都可以在每天都要使用的微信软件中，完成顺丰快递的收发工作。

顺丰于2013年5月推出微信公共账号自助服务。用户可在顺丰速运官网输入快递单号查询，下方会生成对应二维码，随后用微信扫一扫，就可在顺丰速运微信上实时持续接收到快递运输状态。信息中包括运单号、签收人、派发时间、签收时间以及快件在中转过程中的每个站点信息和派件人员的联系方式。在简化流程的同时,实时推送配送进度,提升运送效率和可靠性,用户体验大幅提升。

【案例点评】

电子商务对物流产生的影响是全方位的,从物流业的地位到物流组织模式,再到物流各作业、功能环节,都将在电子商务的影响下发生巨大的变化。从物流总体发展情况来看,物流业的地位大大提高,供应链短路化,第三方物流成为电子商务环境下物流企业的主要形式;从物流的两个作业环节——采购与配送的角度分析,采购将会更方便、价格更低,配送的规模与地位将大大提高,并且成为商流、信息流与物流的汇集中心;从物流的各功能环节看,库存集中化得到实现。库存集中导致运输集中,运输又被划分为一次运输与二次运输,更为方便的"多式联运服务"被广泛提供,开环流动的信息成为物流作业的主要依据。

【思考题】

(1) 在快递行业,顺丰的成功有哪些原因?
(2) 根据材料分析,顺丰如何在现有成就的基础上更进一步?

2 认证支付环境

电子支付在中国的发展始于网上银行业务,其驱动力却来自电子商务的高速增长。当前,我国电子支付市场实现了跨越式发展,市场规模不断扩大,产品和服务种类不断创新,行业拓展不断深化,从而助推了电子商务的繁荣,更好地满足了消费者日益个性化、多样化的支付需求。

作为电子商务核心的支付环节正在加速电子化,网上支付、移动支付、电话支付等多种支付形式的出现使得电子商务企业的步伐更加轻快起来。

常见的认证支付有电子货币、电子银行和移动支付等三种形式。

2.1 天威诚信

案例网站:http://www.itrus.com.cn/

2.1.1 天威诚信企业发展概况

北京天威诚信电子商务服务有限公司(iTrusChina,以下简称天威诚信)是工业和信息化部首批授权的电子认证服务机构之一,是虚拟网络空间身份认证、数据电文认证、证据认证及其应用的专业服务提供商,为办公网、业务网、互联网实现有效应用提供基于电子认证的安全与信任支撑服务。

天威诚信自 2000 年成立以来,不断对基础技术进行开发,在互联网、业务网、办公网做了大量的应用模式的探索及创新,形成了基于人员、产品与关键技术的融合,形成了网络空间安全服务运营的能力和实力。随着市场规模化的发展,天威诚信已经积累了百万级的可信用户。

天威诚信自成立共经历了 3 个重要的发展阶段,分别是 2000—2003 年的基础技术开发期,2004—2008 年的应用创新与市场培育期,2009 至今的成长期。至 2016 年,公司早已形成了以人员、产品与技术为基础的核心竞争力,拥有了公司核心技术和产品,市场发展呈规模化,拥有了一批像国家信息中心、国家气象总局、中国航空集团公司、中国化工集团公司、中国人民财产保险股份有限公司、中国银行、招商银行、中国移动通信有限公司、中国电信集团公司、淘宝网、京东商城、联想集团等一大批各类典型用户。

天威诚信把"成为卓越的网络安全与信任服务运营商"作为愿景,把"构建安全诚信网络环境"作为公司使命,把"成就客户、尊重员工、开拓创新"作为公司价值观。公司一直秉承着"诚信服务、追求卓越"的服务宗旨和"诚信服务,真诚主动,高效规范,微笑热情"的服务理念,以客户需求为导向,持续改进服务、创新服务,不断提升服务质量!

2.1.2　天威诚信的业务范畴

（1）基础业务

依据《中华人民共和国电子签名法》,在国家相关主管部门的直接领导与管理下,运用先进的电子认证技术构建可信身份管理系统、电子认证系统、电子签名及验证系统、证据保全系统,为业务网和互联网应用提供基础认证服务。

（2）办公网业务

基于自主研发的数字证书认证系统(iTrusCA)、统一信任管理平台(iTrusUTS)等产品及解决方案,帮助企业、事业单位、政府部门的办公应用系统实现基于可信身份的统一账户、统一授权、统一认证、统一审计的集中管控功能,全面提升信息化应用水平。

（3）业务网业务

为供应链管理、招投标业务、财务资金管理等,提供符合电子签名法要求的身份认证、数据电文认证、证据认证等服务,实现业务全流程的电子化、合法化,从而保证相关业务的安全、可信、规范、健康发展。

（4）互联网业务

为企业及其网站和个人提供可信网站、可信展示、可信营销、可信电子合同、可信交易等涵盖互联网电子商务流程的可信应用服务,构建可信的电子商务应用环境。

2.1.3　典型应用案例

联想集团作为一家大型企业集团,其联想电脑的市场份额多年来一直位居国内市场销量第一,并且已经建立了完善渠道体系,数千家渠道分销商分布在全国各地,电子订单系统正是联想维系各分销商进行销售管理的纽带。

2004年通过、2005年生效的《中华人民共和国电子签名法》一方面为联想电子订单的有效性提供了法律的保障,同时明确了为保障电子订单系统的运行安全,通过第三方电子认证服务机构提供可靠的电子签名服务的必要性。天威诚信与联想利用这次机会进行合作,最终开发了电子签名项目。

1) 需求分析

联想作为一家大型跨国企业集团,有着分布在全国各地的数千家渠道分销商,但是随着企业的不断壮大,与经销商之间的沟通成本逐年上升,对联想成长的阻碍日益凸显,建立一个分销环节的电子化管理系统势在必行,因此联想以远早于国内其他企业的速度建起了一套行之有效的 ERP 系统。虽然建设的 ERP 系统十分先进,但要使通过 ERP 系统传递的电子合同具有法律效力,必须先将这份合同打印出来,一方盖章后,通过快递将原件发给另一方盖章后传递回来才真正生效,这样综合每个合同平均生效时间超过了 18 个小时,大大拖延了联想集团的进一步发展,这个问题一直困扰联想很长时间。

随着国家电子商务相关的法律法规的不断完善,联想集团意识到第三方认证是解决电子化管理分销渠道的一个可行方案。但是基于开放的互联网应用的电子订单系统在当时还存在很多安全隐患,包括各分销商的身份认证和访问控制,电子订单传输的机密性和完整性,电子订单的抗抵赖性。为了彻底解决电子订单系统存在的安全信任问题,真正发挥电子商务所带来的快捷、高效、低成本的优势,联想电子商务部决心对电子订单系统进行改造,建立基于 PKI/CA 技术的安全认证平台,为电子订单提供安全保障,使其变成可信任的电子订单系统。

联想最终进行了电子订单系统可信平台项目招标,招标目的是:选择权威可信公正的第三方认证中心,为电子订单系统构建基于 PKI/CA 技术的信任基础平台。通过第三方认证中心为联想各分销商发放企业证书,各分销商访问安全电子订单系统时使用企业证书,实现身份认证和访问控制;并利用数字证书对电子订单进行加密签名,实现电子订单的机密性、完整性和抗抵赖性,为电子交易提供安全保障。

通过激烈的竞争,天威诚信打败国内多家大型专业的 CA 认证运营中心,最终被联想确定作为电子订单系统的权威、公正、可信的第三方认证机构。

2) 解决方案

天威诚信和联想团队紧密结合,设计出了最适合联想要求的解决方案。联想电子系统使用天威诚信成熟的鉴证方法确认联想各分销商的真实身份,并签发企业证书,采用天威诚信开发的证书应用接口,对电子订单系统进行了集成,开发了如图 2-1 所示的电子订单系统。

(1) 联想各经销商和渠道分销商访问联想电子订单系统时,必须使用实名认证的数字证书才能登录该系统。系统通过验证登录者的数字证书,来验证真实身份,实现系统身份认证和访问控制,强化系统安全。

(2) 各经销商和渠道分销商在给联想发送电子订单时,使用数字证书对电子订单进行"电子签名",这一过程完全符合《中华人民共和国电子签名法》的要求,并且订单通过加密方式进行传输,保证电子订单的机密性、完整性和抗抵赖性。

(3) 电子订单系统完成后续业务处理,可以产生确认回执,使用销售总部的证书,对

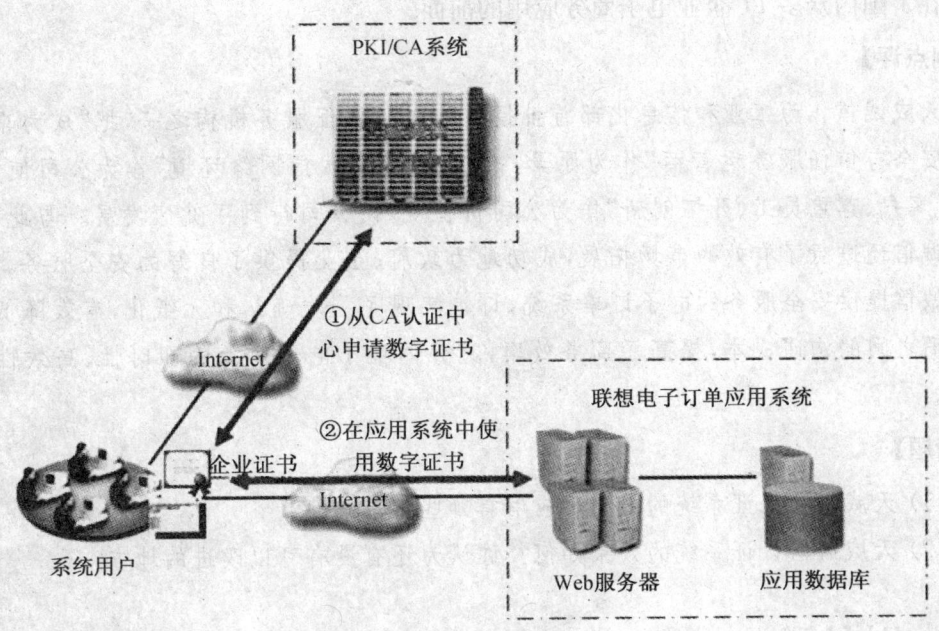

图 2-1 系统总体设计图

确认回执再次进行"电子签名"确认并返回给客户,客户可以完成验证,并下载保存。

3) 效果反馈

实际情况证明,这个项目为联想集团带来了可观的经济效益,通过提高分销管理能力,帮助联想集团在竞争越来越激烈的国内市场保持其领先地位。联想通过与天威诚信认证中心的合作,有效地解决了电子订单系统的信息安全问题,并极大提高了联想的业务效率,具体表现在以下几个方面:

(1) 项目实施 6 个月后,签署了 15 万份合同,合同金额几十亿(其中峰值为一天接到 9 万台电脑的订单),占订单总量的 90%。

(2) 合同平均处理时间从过去的 14 天缩短到了半个小时,其中 85% 的订单是在 1 分钟内完成的。

(3) 降低订单处理的压力,平均日接单 1 万台,可以按时处理完成。

(4) 降低了人力成本,降低了合同的存储成本,减少了合同在生效过程中的成本(长途电话、传真、邮寄费用),每年直接节省费用约 140 万元左右。

(5) 加快了联想整个 PC 的交货过程,有效降低了成品库存和生产部件的库存。

(6) 联想本身只进行了很少的资金投入,却获得了几百倍甚至上千倍的收益。

(7) 联想电子签名应用的范围不断扩大,现在已经不只在电子订单中使用,而进一步应用在分销商合约签署中。

联想通过选择天威诚信的认证服务体系,建立了真正意义上的电子商务平台,再一次走在了国内众多IT企业电子商务应用的前面。

【案例点评】

　　天威诚信作为工业和信息化部首批授权的电子认证服务机构之一,把"成为卓越的网络安全与信任服务运营商"作为愿景,把"构建安全诚信网络环境"作为公司使命,把"成就客户、尊重员工、开拓创新"作为公司价值观,使公司得到了健康发展。与此同时,天威诚信还进行了有效的市场拓展,成功地为政府、企业提供了良好的安全服务。通过天威诚信提供安全服务的电子订单系统,订单实现了一次确认和无纸化,有效降低了与经销商之间的沟通成本,提高了商务效率,充分体现了电子商务的即时性、高效性和准确性。

【思考题】

　　(1) 天威诚信认证系统的产生和应用有哪些背景条件?
　　(2) 天威诚信认证系统的效果如何?你认为还有没有可以改进的地方?

2.2　财付通

> 案例网站:https://www.tenpay.com/v3/

2.2.1　财付通简介

　　财付通(Tenpay)是腾讯公司于2005年9月正式推出的专业在线支付平台,其核心业务是帮助在互联网上进行交易的双方完成支付和收款,致力于为互联网用户和企业提供安全、便捷、专业的在线支付服务。

　　财付通与拍拍网、腾讯QQ、微信有着很好的融合,按交易额来算,财付通在在线支付业务中排名第二,份额约为20%,仅次于支付宝。

　　针对企业用户,财付通构建全新的综合支付平台,业务覆盖B2B、B2C和C2C各领域,提供卓越的网上支付及清算服务,还提供了安全可靠并极富特色的QQ营销资源支持,与广大商户共享3亿腾讯用户资源。

　　财付通致力于为互联网用户和企业提供安全、便捷、专业的在线支付服务。个人用户注册财付通后,即可在拍拍网及20多万家购物网站轻松进行购物。财付通支持全国各大银行的网银支付,用户也可以先充值到财付通,享受更加便捷的财付通余额支付体验。财付通作为在线支付工具,在B2C、C2C在线支付中起到了信用中介的作用,同时为CP、SP提供在线支付通道以及统一的计费平台。其服务类型主要分为两类,如图2-2所示。

　　2007年,财付通月交易额已位居国内支付厂商前两名,并获得"最具竞争力电子支付

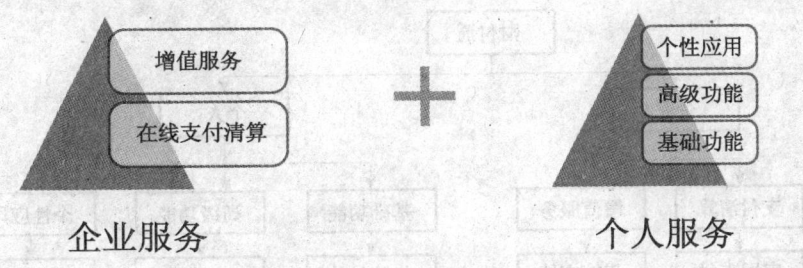

图 2-2　财付通服务类型

企业"奖。

2008 年初,财付通实名用户超 3 300 万,日均交易笔数超 30 笔,日均交易额 8 000 万,累计交易额超过 80 亿,并获得"2007 年用户满意现代电子金融产品"奖。

2010 年,腾讯公司推出 Android 版手机财付通。

2011 年 5 月,财付通获得央行非金融机构支付业务许可证。

2013 年 8 月,财付通联合微信,推出"微信支付",强势布局移动端支付。

总体来看,近几年财付通在互联网支付市场的比重稍有回落,但总体趋于平稳,产品交易量和交易数额依然有较快增长,如图 2-3 所示。

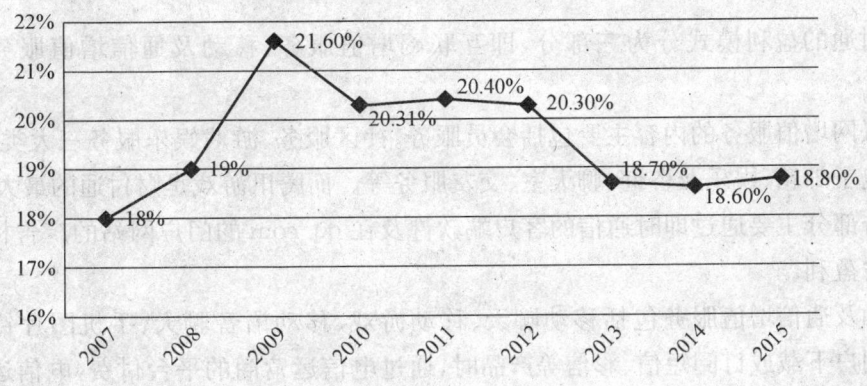

图 2-3　2007—2015 年财付通市场份额

2.2.2　产品与服务

财付通的主要产品分为两类:支付产品和服务产品。支付产品包括网上银行支付、财付通账户支付、一点通支付等 6 类产品;服务产品主要包括中介担保交易、即时到账交易、交易自动分账等 8 类。

财付通的目标用户主要可以分为两类,企业和个人。财付通提供的服务如图 2-4 所示。

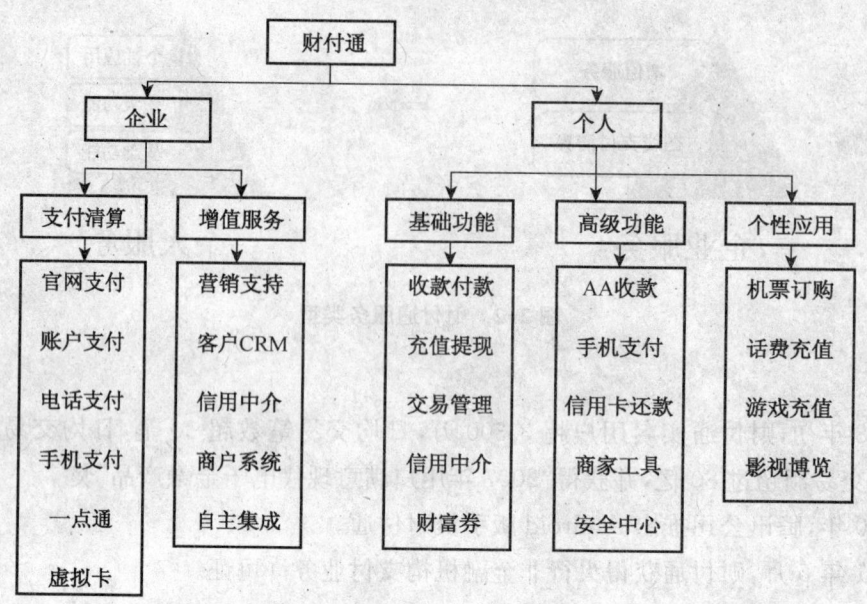

图 2-4　财付通提供的服务

2.2.3　盈利模式

财付通的盈利模式分为三部分,即互联网增值服务、移动及通信增值服务和网络广告。

互联网增值服务的内容主要包括会员服务、社区服务、游戏娱乐服务三大类,具体业务包括电子邮箱、娱乐及咨询、聊天室、交友服务等。而腾讯游戏是财付通的最大收益。

广告部分主要通过即时通信的客户端软件及在 qq.com 的门户网站的广告栏内提供网络广告盈利。

移动及通信增值服务包括移动聊天、移动游戏、移动语音聊天、手机图片铃声下载等。当用户下载或订阅短信、彩信等产品时,通过电信运营商的平台付费,电信运营商收到费用后再与 SP 分层结算。

2.2.4　合作关系

近年来,随着财付通的发展,其合作商也日益增多,主要有电商网站易讯网、拍拍和QQ 网购,还有中国南方航空、当当网和凡客诚品、骏网、中国青少年发展基金会、广东国旅、易游网、天晴数码、新泛联数码、深圳易讯、深圳年年卡、5173 游戏交易平台、完美世界等。

合作伙伴签约接入财付通支付平台,用户既可选择 20 多家财付通合作银行网上支付,也可选择财付通账户支付,并支持信用卡支付。财付通提供包括分账、批量付款、委托代扣等完善的结算功能,同时在航空商旅、数字点卡、教育缴费等行业有成熟的解决方案。

2.2.5 SWOT 分析

优势(Strength):有巨大的 QQ 和微信用户基础,已初步搭建了较为完善的支付平台,在安全性、功能的丰富性、便利性上都表现不错。

劣势(Weakness):市场份额相对支付宝较低,功能相比支付宝还不够丰富,用户体验还有待进一步提升,缺少自己的主打特色功能(如淘宝的余额宝)。

机会(Opportunity):互联网支付特别是移动互联网支付的需求越来越大,腾讯的微信、易讯商城的崛起都给财付通带来了很大的发展机会。

挑战(Threat):支付宝有淘宝的大平台作为依托,市场份额巨大;其他的第三方支付工具较多,并且紧追其后。虽然财付通经过近 8 年的发展,已经拥有了比较稳定的市场份额,而且份额还在不断地增长,同时还培养了一大批稳定的用户群体,取得了很大的成功,但电子支付市场的竞争正在不断扩大,特别是支付宝,在整个第三方电子支付市场占有绝对优势,拥有完善的结构体系和经营模式,其他的竞争品也正在加紧追赶,因此,财付通必须充分发挥自己的优势,抓住机会,不断扩大市场份额。

【案例点评】

财付通,作为中国领先的第三方支付平台,构建全新的综合支付平台,业务覆盖 B2B、B2C 和 C2C 各领域,提供卓越的网上支付和清算服务,是一种相对安全、稳定、便捷的网上支付模式,在网上支付领域占据着重要的地位。第三方支付平台与传统的支付体系相比有着不可比拟的优势。财付通核心业务是帮助在互联网上进行交易的双方完成支付和收款,致力于为互联网用户和企业提供安全、便捷、专业的在线支付服务。

【思考题】

(1) 财付通是如何在支付宝的强大压力下长期保持约 20% 的市场份额的?

(2) 纵观财付通的发展历史,结合当下时代的潮流,分析财付通应该采取哪些措施扩大市场份额?

3 金融服务环境

在网络迅速普及、渗透到社会各行各业的今天,网络银行已经在不知不觉中走进了社会生活,并对人们的社会生活产生了不可忽视的影响。网络时代金融服务的要求可以简单概括为:在任何时间(anytime)、任何地点(anywhere)提供任何方式(anystyle)的金融服务。显然,这种要求只能在网络上实现,而且这种服务需求也迫使传统金融业的大规模调整,主要表现在更大范围内、更高程度上运用和依托网络拓展金融业务,而且这种金融业务必须是全方位的,覆盖银行、证券、保险、理财等各个领域的"大金融"服务。

3.1 中国银联

案例网站:http://cn.unionpay.com

3.1.1 中国银联简介

中国银联是中国的银行卡联合组织,通过银联跨行交易清算系统,实现商业银行系统间的互联互通和资源共享,保证银行卡跨行、跨地区和跨境的使用。

中国银联的成立标志着"规则联合制定、业务联合推广、市场联合拓展、秩序联合规范、风险联合防范"的产业发展新体制正式形成,标志着我国银行卡产业开始向集约化、规模化发展,进入了全面、快速发展的新阶段。

截止到 2016 年 3 月 25 日,银联卡受理网络已延伸至亚洲、欧洲、美洲、大洋洲、非洲等境外 157 个国家和地区。

3.1.2 产生背景

20 世纪 80 年代,我国银行卡产业开始起步,当时以四大商业银行为主的各发卡银行以省市分行为单位进行行内系统建设,尝试发卡并布放受理终端,初步形成以各自行业资源为依托的银行卡系统和网络布局。各自独立的"体内循环"发展模式,导致了行与行之间卡片和终端标准不统一,受理终端重复布放的"一柜多机"现象严重,本行卡无法在他行机具上使用,同行的卡无法跨地区使用。由于重复资源投资,交易成功率、受理效率、差错处理能力以及业务创新难以满足社会需要,银行卡应用普及缓慢。

为了促进银行卡的联网联合,1993年我国启动了"金卡工程",到2000年,陆续建立了18个城市银行卡交换中心和一个总中心,部分实现了当地城市的同城跨行通用和部分城市之间的异地跨行通用。

随着联网通用的推进,社会接受银行卡的程度越来越高,产业的发展需要更为强大的同心力和推动力,经国务院同意,在中国人民银行的直接组织领导下,各商业银行联合起来,在合并原有银行卡信息交换中心的基础上,于2002年3月成立了中国的银行卡联合组织——中国银联,开启了我国银行卡产业联合发展的新篇章。

3.1.3 银联服务种类

银联已经深入我们的生活,它的服务种类也有很多,主要分为以下几种:基础服务、银行服务、商户服务、持卡人服务。

1) 基础服务

中国银联的基础性作用在于,建设和运营银行卡跨行交易清算系统这一基础设施,推广统一的银行卡标准规范,提供高效的跨行信息交换、清算数据处理、风险防范等基础服务。同时,联合商业银行,建设银行卡自主品牌,推动银行卡产业自主科学发展,维护国家经济、金融安全。

2) 银行服务

中国银联坚持"服务第一"的理念,为国内主要商业银行提供了集清算数据处理、技术支持、风险控制、数据分析、产品创新于一体的综合服务方案。中国银联通过银行卡跨行交易清算系统,为国内商业银行提供了跨行、跨地区、跨境的银行卡转接服务,同时本着"同创品牌、和谐共赢"的原则,整合资源、搭建平台,与商业银行一起做大做强中国银行卡产业。

3) 商户服务

中国银联以银商合作共赢为出发点,为商户提供了配套的综合服务,努力为商户提供多种多样的支付解决方案,帮助商户解决支付应用方面的实际问题,已经为国内40多家知名企业集团提供了综合支付解决方案,实现商业运行的高效和便捷。自2005年起,中国银联联合中国商业联合会共同举办"刷卡无障碍"评选活动,提高商户受理银行卡的积极性;2004年开始联合举办"银联杯"全国收银员大赛,提升窗口行业整体服务素质;定期组织特约商户开展银行卡相关培训,普及银行卡在商业领域的应用。

4) 持卡人服务

通过多年努力,中国银联不断建立健全持卡人服务体系,探索建立了形式多样的持卡人服务平台,满足持卡人多样化的增值服务需求。中国银联不断创新,在银行卡产品研发方面与商业银行推出了多种类别的银联标准卡,深受市场欢迎;华彩俱乐部通过《爱卡惠》杂志定期更新信息,为银联标准卡持卡人提供专属的特惠折扣、积分、机场贵宾礼遇、商旅预订等一体化服务;银联客服热线 95516 每天 24 小时提供与银行卡相关的咨询服务;还有境内、境外全年不间断的各类营销活动,让每位持卡人感受银联卡的方便与快捷。

3.1.4 盈利模式

(1) 使用信用卡购买商品,商户需要向发卡行和银联支付一定的手续费。
(2) 使用银联网络跨行转账手续费中的一部分要支付给银联。
(3) 商户租用的银联 POS 机需要付钱。
(4) ATM 接入银联网络也需要付钱。
(5) 银行等机构如果要调用数据,也要向银联支付一定费用。

简单地说,银联不是机构,它只是各主要国有商业银行的一种联合经营模式,就是把各独立的银行部分业务联合起来,以便于各银行客户使用相关银行业务,起到一个通道的作用。在银联系统范围下发生业务后,银联向各银行按照约定的比例收取一定的费用。

3.1.5 银联的优势

1) 银联标准全球通用

银联标准卡按照中国银联的业务、技术标准发行,符合 ISO 国际通用标准。持卡人可在境内任一银行卡受理点及海外多个国家和地区的 ATM 及银联特约商户实现轻松取款、刷卡消费。

2) 境外用卡省钱实惠

持银联标准卡,境外走银联网络刷卡消费或 ATM 取款,外币刷卡人民币扣账,避免多次兑换损失,无需购汇还款,无需支付 1‰～2‰ 不等的货币转换费,ATM 取款手续费相对较低,还有机会享受银联优惠活动,便捷且实惠。

3) 24 小时优质服务

中国银联的境内客服电话为 95516,境外多个国家也开通了免费服务热线。银联标准卡持卡人可通过拨打各国免费服务热线,直接与中国银联客服中心取得联系,享受快捷、优质的 24 小时服务。

4) 特惠商户优惠不断

银联为您精心挑选境内外万余家特惠商户,持银联标准卡消费,可享受衣、食、住、行等众多优惠折扣,让您时刻体验贵宾礼遇,更有精彩活动全年不断,缤纷好礼惊喜连连!

3.1.6 发展面临的困境

(1) 2015年4月22日,《国务院关于实施银行卡清算机构准入管理的决定》发布,从2015年6月1日起,符合要求的机构可申请"银行卡清算业务许可证",在中国境内从事银行卡清算。这意味着在中国清算市场局面被打破,中国银联告别了一家独大12年的垄断时代。

(2) 网上银行普遍面临着日益严重的技术与服务同质化,银联也不例外,由于信息与技术的渠道日渐畅通,银行的IT可复制性越来越强。创新的网上银行产品与服务不断涌现,各家商业银行在技术层面很难拉开差距。

(3) 基于账户的移动支付独立于银联体系,未来持续的交易分流将不可避免,银联有可能会逐步丧失小微商户的银行卡交易。若不能尽快摆脱通道业务定位,不能凝聚移动支付高端个人用户群,不能全面开放支付通道构造围绕银联的移动支付生态系统,不能在餐饮娱乐、金融、地产、汽车、大宗商品销售、资金归集等行业迅速建立移动支付解决方案,银联将有可能被边缘化。

【案例点评】

中国银联一直以来致力于促进各类参与主体之间的合作,旨在规避互联网交易风险,营造良好的市场环境和秩序,努力扩展电子支付结算体系的覆盖面,更好地满足多元化、个性化的网上支付需求,实现产业各方的"合作共赢",推动中国电子商务行业的快速、健康发展。互联网+对于各行各业不再是简单的引流量、做营销,而是真正能够靠IT技术、靠数据为各个环节提升体验、提高效率、降低成本的经济社会发展新形态。

【思考题】

(1) 以你自己使用银联卡的经历分析当下银联卡存在的安全隐患。

(2) 面对第三方支付平台的冲击,试分析中国银联如何在稳固自身地位的基础上更进一步?

3.2 蚂蚁金服

案例网站:http://www.antgroup.com

3.2.1 蚂蚁金服简介及发展沿革

很多人把杭州黄龙时代广场称为"新支付宝大楼"。因为此前支付宝公司是在杭州文三路的华星时代广场办公,2011年8月搬到此,然后,进行了阿里小微金融服务的筹建。

阿里小微金融服务集团是以蚂蚁金融服务集团有限公司（简称蚂蚁金服）的名义正式成立的，旗下的业务包括支付宝、支付宝钱包、余额宝、招财宝、蚂蚁小贷和网商银行等。

蚂蚁微贷为小微企业和网商个人创业者提供互联网化、批量化、数据化的小额贷款服务，致力于帮助小微企业解决融资难题，用信用创造财富。

以小为美——这是蚂蚁微贷从事小额信贷业务最基本的理念。蚂蚁微贷将自己所服务的对象锁定在小微企业，以100万以下的贷款为业务主体。

蚂蚁金服方面表示，"之所以选择这个名字，是因为我们是从小微做起，我们只对小微的世界感兴趣，就像蚂蚁一样，虽然渺小，但它们齐心协力，焕发出惊人的力量，在去目的地的道路上永不放弃。"

2013年，支付宝的母公司——浙江阿里巴巴电子商务有限公司，宣布将以其为主体筹建小微金融服务集团，小微金融（筹）将服务人群锁定为小微企业和个人消费者。

2014年10月16日，小微金融服务集团以蚂蚁金融服务集团的名义正式成立，旗下业务包括支付宝、支付宝钱包、余额宝、招财宝、蚂蚁小贷和网商银行（筹）等。

2015年5月筹备上线股权众筹平台，并将其命名为"蚂蚁金服"。

3.2.2 蚂蚁金服的业务模式

蚂蚁金服的支付宝只是淘宝的财务工具，初衷是为了解决电商中的信用问题。但现在，支付宝已经从财务工具演化为一种生态系统。这种演化不仅仅伴随着阿里电商平台的扩展，更重要的是，在移动互联网和大数据的浪潮下，它构筑出一种极具想象力的模式：它从线上交易的支付渠道角色，变成各种应用场景的广泛吸纳者。它不仅从支付出发（支付宝钱包），随后还从理财出发（给用户提供理财产品，如余额宝、招财宝），从融资出发（给小商家提供小贷型融资，如蚂蚁小贷和网商银行），以及从数据出发（将为社会提供征信等数据服务，如芝麻信用）。

蚂蚁金服必须要讲政治，因为它是中国人交易大数据最重要的一块。阿里巴巴集团董事局主席马云很早就敏锐地感知到这一点，阿里在美国上市的资产中没有蚂蚁金服。马云很明确地表示"蚂蚁肯定是在A股上市"。蚂蚁金服已不像过去支付宝那样，仅仅等待淘宝的交易，它现在是生态、是平台，是各类应用场景的服务者，线上的价值要靠线下的地推来获得，它承接了阿里巴巴B2B"拉商家上平台"的业务斗志，做"未来商圈""未来交通""未来医院"。蚂蚁金服又是一家技术和金融数据公司（DT），它要呈现出对技术拓展商业边界的理解以及金融公司所必须具备的风控能力和严谨态度。

对于"蚂蚁"的命名，原蚂蚁金服CEO彭蕾曾解释说："因为我们是服务于小企业起家的，要把'天下没有难做的生意'的使命带过去。"她强调，蚂蚁金服非常崇尚微小的力量给予整个世界创造的小而美的体验。

马云著名的一句话就是"如果银行不改变,我们就改变银行"。这句话随后被余额宝巨大的成功所证实,余额宝成为中国互联网金融的里程碑事件。蚂蚁金服用互联网的力量让理财渗透到了"屌丝"阶层,让金融呈现出普惠化的面目,也部分地推动了中国存款利率自由化的进程,迫使银行业不得不改变它们的产品类别和形态,跟在后面,推出与余额宝相近的各类现金管理类产品。

颠覆者形象以及紧迫的跟随,让传统金融业感到不安,产生忌惮,而现在蚂蚁金服想尽快消除颠覆者的形象,所以温和化是必须的。

监管层也希望像蚂蚁金服这样的互联网企业介入金融的力度是温和的、可预期的,有着不激进的角色定位。监管层叫停了虚拟信用卡,对蚂蚁金服以及腾讯筹建的网商银行、微众银行做了"小存小贷"的定位。而现在从银行划钱到余额宝是有限额规定的,基金存放在银行的同业存款也被做了流动上的限制,目的是降低余额宝满足客户流动性要求下的利息水平,降低余额宝的吸引力。随后,余额宝的增长变慢并趋向稳定。

按照马云所言,"阿里很多创新都是被迫的,而不是主动的",支付宝开始同开放式货币基金"连接",余额宝横空出世,收益社会化,蚂蚁金服从中获取的收益缩为3‰。

袁雷鸣说,控股天弘基金之后,余额宝是唯一的货币型基金,蚂蚁金服再也没有和其他机构合作推出任何基金品种,"我们开始强调搭建平台",即像天猫一样,搭建一个开放的投资理财平台,一方面缓解与金融机构的紧张关系;另一方面,可以把余额宝中对期限锁定不敏感的投资资金吸引过来,避免余额宝收益下降时遭受大规模赎回。

袁雷鸣透露,招财宝为合作的金融机构提供一整套的配套服务,但只按照对方募集资金规模的1‰收取一次性的服务费。这个费用,在新华基金(招财宝产品提供方之一)电商总监王革看来,"比传统的渠道费用低多了,根本不是一个量级"。

温和的蚂蚁沿着新方向,规划未来的路线图。

3.2.3 蚂蚁金服的发展方向

蚂蚁金服CEO井贤栋透露:蚂蚁金服的发展战略很清晰,即"平台、农村、国际化"。

如果概括这三大战略的核心,就是让更多的人口以及更多的应用场景被"卷入"。蚂蚁金服所看重的支付宝钱包,截止到2016年初,其活跃用户达4.5亿。从某种意义上说,一二线城市居民使用支付宝钱包已经较为普及,蚂蚁金服的重点是推广三四线以及农村市场,让更多的人口卷入移动支付场景。

蚂蚁金服国内事业群总裁樊治铭曾在2014年10月16日的"蚂蚁分享日"透露,在硬件上,蚂蚁金服会通过阿里通信,包括与运营商的合作,提升农村市场的硬件水平。很多人会猜想,未来会不会直接向农村市场送阿里手机,让支付宝钱包"上山下乡"?

这种关注农村人口的"卷入"是全面的。2014年10月,阿里巴巴集团宣布,将启动千县万村计划,即在3~5年内,投资100亿元,建立1000个县级运营中心和10万个村级服务站,将其电子商务的网络覆盖到全国1/3强的县以及1/6的农村地区。阿里集团电商业务在农村的扩张,跟蚂蚁金服"向下"的扩张是"同步、同构"的。

阿里的国际化也带动蚂蚁金服的"向外走"。井贤栋透露,蚂蚁金服正在推进与ApplePay和PayPal等国际支付机构的合作。而蚂蚁金服国际事业部副总裁彭翼捷此前表示,蚂蚁金服应该利用中国企业出口力和居民境外旅游消费力,"例如(旅游者)在国外,有非常多的外币兑换、小额多频的支付需求无法被满足,我们会在购物退税、交通卡之外,推出更多的海外旅游服务产品"。毕竟,中国境外旅游人数已经高达1.2亿人次。

而对于推进应用场景丰富化,蚂蚁金服主攻几个方向:一是"未来商圈";二是"未来交通";三是"未来医院"。根据蚂蚁金服O2O事业部总经理王丽娟介绍,2013年,蚂蚁金服O2O团队在全国出租车、饮料机以及超市和便利店三大场景的进展"令人满意"。据她提供的数据,全国将近5万台的饮料机中,近70%支持支付宝钱包;国内TOP100的便利店和超市品牌中,已经有70%与支付宝钱包达成了合作。

支付宝钱包希望携手医院,利用移动互联网技术平台和数据能力,帮助医院构建移动医疗服务体系,除了问诊、检查外,将挂号、候诊、支付、取报告等环节全部通过手机完成。按照王丽娟的设想,未来通过数据的积累,不仅可以实现远程问诊,还要将药搬到网上,用户通过天猫医药馆下单,可以选择快递上门,也可以到就近的药店自取。

应用场景的丰富化背后,地推的策略和难度是不同的。比如"未来商圈"是一个苦活,但至少激励的链条是完整的、兼容的。"因为商户觉得上支付宝钱包是有价值的,消费者的交易数据是零碎的,对商户来说,也没有太大的价值挖掘。"但是"未来医院"就不同了。"医院最大的问题不是系统对接,而是激励不完整、不兼容,医院是国有体制,支付宝钱包的确满足了患者的需求,也许会促进医生看更多的病人,但这对医生有什么好处呢?他们并没有从中受益,所以,很多医院并不像商户那样积极。"

这一问题的背后,其实指向"卷入"的成本和边界。

人口和应用场景的"卷入",其实就是大数据的涌入。尽管阿里表示自己跟谷歌是不同的,但它也很自豪地宣称自己是技术公司,只不过不是技术创新引导型,而是用技术拓宽商业边界。

"现实版的自豪"是阿里的云计算,"远景版的自豪"是阿里的大数据。云计算是迎接大数据的涌入,但是大数据的真正价值,在于对大数据挖掘后形成的有价值信息。蚂蚁金服在推广"未来商圈"时候,给商户的一个诱惑是,蚂蚁会用数据分析告诉商家,消费者为什么会来这里,以便更好地将商户信息推送给他们。

但令业界真正震动的是,蚂蚁金服推出的"芝麻信用"这一征信产品,即根据商户和消费者在阿里系统里面的交易数据,进行个人信用评级,像美国的FICO一样,成为全社会的基础信用提供者。要知道在中国,信用记录的缺失被认为是无法进行精细风险定价的关键。能被全社会认可的征信,被认为是整个金融行业的"制高点"。

马云对生态系统的描述是"平台、金融、数据",蚂蚁金服的现实路线图是"平台、农村、国际",如果叠合在一起,就形成了蚂蚁的生态价值公式。蚂蚁的生态价值＝人口×应用场景×使用频率×大数据有效挖掘程度。

这个公式的最终核心指向,是真实数据的"卷入",就像马云所说,"未来是一个数据公司"。但这又是一个需要进行区分的不同"卷入",蚂蚁金服用"平台和分享"策略来面对公司和消费者,他们会有不同的考量,来评估自己被"卷入"的好处。一些大的金融公司非常担心在"平台和分享"下,自己的行为数据被第三方所获得,或者害怕自己"卷入"之后,第三方会获得更强大的基础数据,做成类似"芝麻信用"这样的产品反卖回来,获得更高的利润。所以,蚂蚁金服的未来业务路径中,既会有很多"卷入",也会遇到非常多的"数据封锁",边际收益和边际成本会不断较量,从而获得一个均衡的扩张速率。

井贤栋说,不管如何,"我们都会坚定不移地走平台之路"。

【案例点评】

互联网的高速发展也推动着整个金融业的悄然改变。我们不难发现,未来的金融将与我们的日常生活和社交紧密地结合在一起,随时随地为消费者服务,而且众筹、征信、理财等多个方面都将真正实现社交化、简单化和一站式。这是整个互联网金融的发展方向,更是蚂蚁金服的发展方向。蚂蚁金服是阿里巴巴承担金融业务的小微金融服务集团,微小企业和个人消费者被视为蚂蚁金服的服务人群。蚂蚁金服是阿里巴巴结合平台、数据与金融所构建的架构和规划里的中心,它为发展缓慢的传统金融业提供了一种互联网式的思维和解决方案。

【思考题】

(1) 蚂蚁金服的诞生与发展对我国金融支付产业产生了什么样的意义?

(2) 试分析大数据对蚂蚁金服发展的影响。

4　B2B 模式

B2B(Business to Business)是企业间通过网络通信手段进行商品或服务交易的电子商务模式,是电子商务活动中业务量最大的一种交易模式,对提高企业效益等有巨大的效益。B2B 模式的电子商务包含以下三要素:

(1) 买卖:B2B 网站平台为企业提供质优价廉的商品,吸引企业购买的同时促使更多商家的入驻。

(2) 合作:与物流公司建立合作关系,为企业的购买行为提供最终保障,这是 B2B 平台硬性条件之一。

(3) 服务:物流主要是为企业提供购买服务,从而实现再一次的交易。

1) B2B 模式的类型

(1) 垂直模式:面向制造业或面向商业的垂直 B2B(Vertical B2B,Directindustry B2B)。可以分为两个方向,即上游和下游。生产商或商业零售商可以与上游的供应商之间形成供货关系;生产商与下游的经销商可以形成销货关系。简单地说,这种模式下的 B2B 网站类似于在线商店,这一类网站其实就是企业网站,就是企业直接在网上开设的虚拟商店。通过这样的网站可以大力宣传企业的产品,用更快捷更全面的手段让更多的客户了解自己的产品,促进交易。或者也可以是商家开设的网站,这些商家在自己的网站上宣传自己经营的商品,目的也是用更加直观便利的方法促进、扩大商业交易,如我国的钢铁网、化工网等。

(2) 综合模式:面向中间交易市场的 B2B。这种交易模式是水平 B2B,它是将各个行业中相近的交易过程集中到一个场所,为企业的采购方和供应方提供了一个交易的机会。这一类网站自己既不是拥有产品的企业,也不是经营商品的商家,它只提供一个平台,在网上将销售商和采购商汇集一起,采购商可以在其网上查到销售商的有关信息和销售商品的有关信息,如阿里巴巴网、慧聪网、敦煌网等。

(3) 自建模式:行业龙头企业自建 B2B 模式是大型企业基于自身的信息化建设程度,搭建以自身产品供应链为核心的行业化电子商务平台。行业龙头企业通过自身的电子商务平台,串联起行业整条产业链,供应链上下游企业通过该平台实现资讯、沟通、交易。但此类电子商务平台过于封闭,缺少产业链的深度整合。

（4）关联模式：行业为了提升电子商务交易平台信息的广泛程度和准确性,整合综合B2B模式和垂直B2B模式而建立起来的跨行业电子商务平台。

2) B2B流程

以DELL公司为例介绍B2B流程,如图4-1所示。

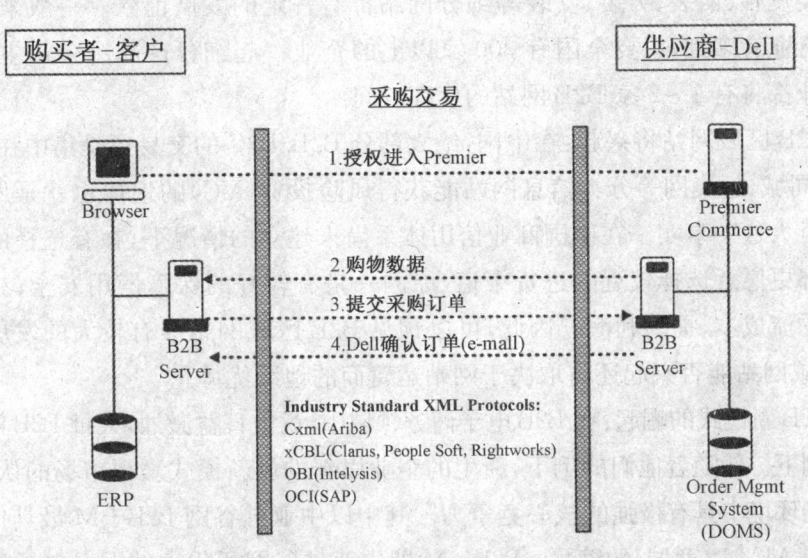

图4-1　B2B流程

第一步,商业客户向销售商订货,首先要发出"用户订单",该订单应包括产品名称、数量等一系列有关产品问题。

第二步,销售商收到"用户订单"后,根据"用户订单"的要求向供货商查询产品情况,发出"订单查询"。

第三步,供货商在收到并审核完"订单查询"后,给销售商返回"订单查询"的回答。基本上是有无货物等情况。

第四步,销售商在确认供货商能够满足商业客户"用户订单"要求的情况下,向运输商发出有关货物运输情况的"运输查询"。

第五步,运输商在收到"运输查询"后,给销售商返回运输查询的回答,如有无能力完成运输,及有关运输的日期、线路、方式等要求。

第六步,在确认运输无问题后,销售商即刻给商业客户的"用户订单"一个满意的回答,同时要给供货商发出"发货通知",并通知运输商运输。

第七步,运输商接到"运输通知"后开始发货。接着商业客户向支付网关发出"付款通知"。支付网关和银行结算票据等。

第八步,支付网关向销售商发出交易成功的"转账通知"。

3) B2B 的发展趋势

全球 B2B 电子商务交易一直占据主导地位，呈现持续高速发展态势，年交易总量占电子商务交易总额的 80%，可见 B2B 的市场是多么的巨大。

(1) B2B 将向更细分方向发展：中小企业由于没有雄厚的资金支持，无实力做全行业的 B2B 行业网站，但是可以介入细分行业的电子商务网站或者区域性电子商务网站。如服装服饰类皮鞋、西装、男装、女装等细分网站都有一定的发展前景。一般来说，不关网站所处的行业有多细，只要全国有 300 家以上的企业一起细分产品为公司主导产品，这些细分行业都将有 1~2 家 B2B 网站的生存空间。

(2) B2B 区域网站将兴起：在中国，绝大部分 B2B/B2C 的交易还是集中在同城、同区交易。58 同城、赶集网等分类信息网站能获得风险投资(VC)的追捧也就是发现同城交易的数额巨大这一事实。在中国商业信用体系尚未建立的情况下，在有选择的前提下大部分商家都更愿意选择较近的进货渠道，原因一是有较好的保障信用安全；二是可以更好地节省物流成本，提高利润。因此，可以预见 B2B 区域网站会有较大的发展空间。但是 B2B 区域网站能否兴起还将取决于网站运营商的地缘优势。

(3) B2B 新模式的崛起：在 B2B 电子商务领域中，竞争日益激烈，大批 B2B 网站在激烈的竞争中倒下。伴随着他们的倒下，新生的企业以新的创新模式赢得市场的认可，在竞争激烈的市场环境中具有极强的核心竞争力。其中以中亚硅谷网 B2B+M 最具代表特色新模式。M 是 MALL(商城)的缩写。B2B+M 即中亚硅谷网所代表的网上电子商务平台与基于中亚电子博览中心实体商城而有机结合运作的全新商业模式，B2B+M 既打破了实体商城辐射力的局限，同时有效地弥补了一般 B2B 网站所普遍存在的诚信缺失。

(4) 行业 B2B 网站将在更多环节充当行业服务角色：对供应商、采购商的信用、实力评估体系进一步完善，并得到创新，随着行业 B2B 门户网站的逐步深入行业，行业企业的信用、实力得到进一步透明化。让采购商有更多机会选择更多最合适的供应商，许多线下服务会深入到企业内部，如一对一的培训服务，实地评估、考察工厂、市场调查、人才招聘，行业软件服务等将会获得更多的应用。

4.1 阿里巴巴

案例网站：http://china.alibaba.com/

4.1.1 阿里巴巴简介

阿里巴巴 B2B 公司是阿里巴巴集团的旗舰子公司，是全球领先的 B2B 电子商务公司。公司的电子商务业务主要集中于 B2B 的信息流，是电子商务信息服务的平台服务提供商。公司总部设在杭州，并在中国超过 40 个城市设有销售中心，另外在台湾、香港、欧洲及美国均设有办事处。阿里巴巴每天通过旗下三个网上交易市场连接世界各地的买家和卖家。国际交易市场(www.alibaba.com)集中服务全球的进出口商,为中国出口型生产企业提供"中国供应商"服务,开展在全球市场的业务推广。中国交易市场(www.1688.com)集中服务中国大陆本土的贸易商,是阿里巴巴主要的信息服务平台及主要业务来源。而日本交易市场(www.alibaba.co.jp)通过合资企业经营,主要促进日本外销及内销,也主推"中国供应商"服务,面向产品质量符合出口日本行业标准的中国进出口贸易企业。三个交易市场形成一个拥有来自240多个国家和地区的4 000万名注册用户的网上社区。

4.1.2 阿里巴巴的电子商务模式

1) 经营模式

阿里巴巴是国内甚至全球最大的专门从事B2B(企业对企业)业务的服务运营商。阿里巴巴的运行模式,概括起来即:为注册会员提供贸易平台和资讯收发,使企业和企业通过网络做成生意、达成交易。服务的级别则是按照收费的不同,针对目标企业的类型不同,由高到低、从粗至精阶梯分布。为阿里巴巴下一个定义,其实就是:把一种贴着标有阿里巴巴品牌商标的资讯服务,贩卖给各类需要这种服务的中小企业、私营业主。为目标企业提供了传统线下贸易之外的另一种全新的途径——网上贸易。

依托阿里巴巴网站(中、英、日三种版本),拢聚企业会员,整合成一个不断扩张的庞大买卖交互网络,形成一个无限膨胀的网上交易市场,通过向非付费、付费会员提供、出售资讯和更高端服务,赢得越来越多的企业会员注册加盟。阿里巴巴在充分调研企业需求的基础上,将企业登录汇聚的信息整合分类,形成网站独具特色的栏目,使企业用户获得有效的信息和服务。阿里巴巴主要信息服务栏目包括以下几种:

① 商业机会:有27个行业700多个产品分类的商业机会供查阅,通常提供大约50万供求信息。

② 产品展示:按产品分类陈列展示阿里巴巴会员的各类图文并茂的产品信息库。

③ 公司全库:公司网站大全已经汇聚数万家公司网页。用户可以通过搜索寻找贸易伙伴,了解公司详细资讯。会员也可以免费申请自己的公司加入到阿里巴巴"公司全库"中,并链接到公司全库的相关类目中方便会员有机会了解公司全貌。

④ 行业资讯:按各类行业分类发布最新动态信息,会员还可以分类订阅最新信息,直接通过电子邮件接收。

⑤ 价格行情:按行业提供企业最新报价和市场价格动态信息。

⑥ 以商会友:商人俱乐部。在这里会员交流行业见解,谈天说地。其中咖啡时间为会员每天提供新话题,为会员分析如何做网上营销等话题。

⑦ 商业服务:航运、外币转换、信用调查、保险、税务、贸易代理等咨询和服务。

这些栏目为用户提供了充满现代商业气息、丰富实用的信息,构成了网上交易市场的主体。另外,还分类开设了阿里巴巴化工网、服装网、电子网、商务服务网来进一步地细分客户群体,以实现面向性的精确定位,确保电子商务交易的便捷和执行效率的提高。

2)盈利模式

基本上依靠各付费会员每年缴纳的年费,及广告方面的收益。

阿里巴巴旗下有两个核心服务:

① 诚信通:针对的是经营国内贸易的中小企业、私营业主。

② 中国供应商:针对的是经营国际贸易的大中型企业和有实力的小企业、私营业主。

除了付费的中国供应商和诚信通会员,阿里巴巴上面还活动着免费的中国商户480万家,和海外商户达上千万家。

4.1.3 阿里巴巴的信用体系

阿里巴巴围绕电子商务交易双方的实际需求,建立了一个多层次的诚信体系,包括阿里巴巴B2B公司的信用体系、淘宝网上的信用评价体系以及提供第三方托管的支付宝信用体系。阿里巴巴集团建立的这种新型的、多层次的互联网信用体系,有效解决了电子商务交易中的诚信问题。本节仅对阿里巴巴B2B公司信用体系进行了分析。

2002年3月,阿里巴巴启动了"诚信通"计划。该计划主要通过第三方认证、证书及荣誉、阿里巴巴活动记录、资信参考人、会员评价等5个方面,来审核申请"诚信通"服务的商家的诚信。同时,通过诚信通指数把上述值量化,供浏览者参考。另外,诸如ISO体系等行业认证也成为诚信通会员重要的参考要素,并且阿里巴巴会用优先排名、向其他客户推荐等方式,来奖励那些诚信记录良好的用户。阿里巴巴不直接介入会员之间的贸易纠纷或者法律事务,通过提供评价体系以及社区的一套投诉和监督系统来约束所有诚信通会员的行为。

4.1.4 阿里巴巴的发展规划

未来,阿里巴巴集团将继续致力于建立一个开放、协同、繁荣的电子商务生态系统,帮助买家、卖家、第三方服务商、战略联盟伙伴和被投资公司利用互联网技术在线发展业务。为了支持生态系统的不断增长,阿里巴巴对专有技术开发和基础设施做了大规模的投入。这使阿里巴巴能够利用平台上产生的海量数据,进一步发展和优化,为平台使用者提供更多、更好的产品及服务。同时,阿里巴巴将继续致力于为广大中小企业提供优质服务、开发新技术、大数据资源的开发利用、农产品电子商务推广等方面的工作。

【案例点评】

阿里巴巴以其独有的电子商务模式由小到大、由弱到强,迅速发展成为了中国乃至全球电子商务产业的领先者之一。阿里巴巴为我国中小企业赢得了新的发展空间,联合银行提供网络联保贷款服务,解决了中小企业融资困难的问题;推动了物流业、软件业等相关产业的发展,直接或间接地创造了大量就业机会。此外,阿里巴巴还建立了阿里学院,积极培育新型电子商务人才;创新提出了"网商""网贷"等概念,规划并构建了一个电子商务生态系统。以客户、用户和合作伙伴为核心的开放思想,体现在阿里巴巴的战略目标中,"打造了电子商务基础设施,培育了开放、协同、繁荣的电子商务生态系统"。

【思考题】

(1) 你从阿里巴巴的成功中获得了哪些启示?

(2) 阿里巴巴 B2B 公司是如何实践"让天下没有难做的生意"这一核心指导原则的?

4.2 慧聪网

案例网站:http://www.hc360.com

4.2.1 慧聪网简介

慧聪国际资讯有限公司(以下简称慧聪,HK8292)成立于1992年,注册于开曼群岛,总部位于中国北京,是国内领先的 B2B 电子商务服务提供商。2004 年慧聪网正式成立。

2003 年 12 月,慧聪于香港联合交易所创业板挂牌上市。2014 年 10 月 10 日,慧聪网从香港创业板转到香港联交所主板上市,股票代码变更为 02280。

2015 年 3 月 18 日,慧聪用 15 亿人民币,收购 ZOL 中关村在线。

4.2.2 慧聪的商业模式

1) 目标客户

慧聪的目标客户就是中国三四千万家中小企业,以及一些有意通过慧聪网进行网上宣传的企业。

2) 产品和服务

慧聪服务的入口,整个慧聪服务的核心,是为商家提供多媒体的商品展示机会,为买家提供购买所需的信息,帮助买卖双方达成交易,规范买卖双方的交易行为。同时也为商家和买家、商家和商家之间提供一个交流的平台,达到以商会友的效果。

(1) 买卖通:买卖通是慧聪网为企业用户提供的在网上做生意、结商友的诚信平台,企业可以通过买卖通建立起集合产品展示、企业推广、在线洽谈、身份认证等多种功能的网络商铺,使企业获得更多的商机,领先对手,获得生意上的成功。

买卖通提供 60 多个行业的交易、资讯信息,每天均有数十万以上的企业通过买卖通发布供应、采购、招标、代理等重要信息,同时进行着大量的买家卖家咨询、报价、洽谈、留言等,交易气氛活跃,商业机会众多。

(2) 商机搜索:商机搜索是慧聪国际资讯拥有独立知识产权的搜索引擎技术,覆盖20余万个网站、500万条及时更新数据,与中国搜索联盟等1 000余家网站平台相结合。它开创了依据行业用户的要求,进行精、准、快搜索服务的先河。

(3) 慧聪商情广告:成为以商情报价、产品广告、产品技术信息为主的印刷品广告信息媒体。它的信息量庞大、及时、集中、针对性强,能有效地方便行业内厂商与用户查询,成为供需双方的信息沟通渠道之一。它的背后是慧聪公司多年积累形成的深入行业、科学分类、每周更新十几万条产品、价格与企业信息的数据库。这是中国最大的商情数据库,可以为用户提供丰富多样的产品和服务,为厂商、各级经销商和关注市场的社会各界人士提供全面的市场信息和无限商机。

(4) 行业资讯大全——行业宝典,黄金品质:慧聪《中国行业资讯大全》集"全面、权威、精粹、实用"为一体,以丰富的内容、准确的信息、专业化行业细分、便捷的查询得到更多的行业认可,成为行业人士必备的市场实用资讯工具宝典。

(5) 行业研究报告:凭借全国最大的商务资讯数据库及先进的信息服务软件等资源,在行业信息服务、市场调查、市场研究、营销顾问及管理咨询等领域为客户提供多层次、高品质的服务。

3) 赢利模式

(1) 通过网、刊、电视媒体吸纳收入。

(2) 买卖通服务会员费收入:慧聪网买卖通会员服务分为买卖通银牌会员服务、买卖通金牌会员服务、买卖通白金会员服务、买卖通VIP会员服务,每年收取会员费。

(3) 股票收入。

4) 核心竞争能力

(1) 行业基本核心能力介绍:电子商务存在的根本是助人们在网上促成交易。对于电子商务平台供应商而言,无论是阿里巴巴还是慧聪网都是在提供服务,而除了交易平台及交易延伸服务之外,信息服务、线下服务以及对中小企业的指导服务都呈现了未来电子商务服务的发展方向。慧聪网CEO郭凡生认为,中小企业不应该只需要一个B2B交易平台,就像大部分企业会在多个搜索引擎上做排名,也会在多种媒体上做广告。服务,是吸引成熟的电子商务客户的最有效捷径。

(2) 信息服务:在慧聪成功迈进互联网领域之后,人们对慧聪的理解已经不只是一个刊物。以前有100多万个企业看慧聪刊物的黄页来做买卖,这些买卖占了中国一半的商务交易。当慧聪网把刊上的内容嫁接到网上,每天有300多万用户在慧聪网上查询信息,无疑这些用户中有很大一部分是阿里巴巴的用户。

网站搜索信息的精确性是吸引客户的主要原因所在,慧聪网正在将资讯内容细分为企业搜索、资讯搜索、产品搜索、商机资讯搜索、行业的科技新闻搜索等。将数据库分类是提高精确搜索的关键所在,比如用汽车搜索引擎去找齿轮的时候,只找到汽车行业相关的齿轮,这对于提高电子商务的效率十分重要。

可见,未来电子商务信息服务的有效性、完全性以及精确性都是各电子商务提供商需要努力的方向。

(3) 线下服务:阿里巴巴曾经认为,要做专业的 B2B 服务提供商,就要将服务尽量都转向网上,应用互联网来解决一切问题。然而事实证明,这样的设想是失败的,阿里巴巴最终没能缩小其线下队伍,反而不得不增加线下队伍来提高服务。

对于中国的中小企业来讲,"慧聪服务"是耳熟能详的一种感受。因为慧聪网拥有一支 2 500 名业务人员组成的庞大队伍,在整个中国的 IT 服务行业,这种用庞大的人员扎根于客户之中的服务模式确实少见。正是这么多的业务员确保了对客户需求反应的及时性,同时 2 500 名业务员在与客户面对面的交流过程中收集到了更多的信息,了解到了更多的客户服务。另外,慧聪每年还参加 600 多个展会,在展会上收集到的种种信息也让慧聪更了解客户信息及需求。

电子商务服务线上与线下走向融合是一种趋势。

(4) 中小企业指导服务:中国大陆有几千万家中小企业,但仅有 30%左右的企业实现了信息技术的应用。一项调查结果表明:有将近 64%的公司注册了网址,并通过在线服务拓展了现有的业务范围,这些公司都是拥有自己的商业模式和实在的产品。而那些没有注册网址的公司,有 39%是因为没有足够数据支持能帮助业务发展的或缺乏投资的回报;有 32%是因为缺乏技术;29%是因为接入网络的成本太高而放弃。打造一个成功的电子商务模式并非难事,而真正意义上实现电子商务,中小企业的最便捷途径就是依托 B2B 商务平台。

(5) 专业的研发队伍:慧聪的专业研发队伍由近百名技术专家和资深研发人员组成,是国内最早从事互联网领域研发的精英团队,在电子商务、网站建设、海量数据挖掘、人工智能、行业搜索等领域有着丰富的经验。

在技术创新之路上,慧聪技术团队通过不断学习,不断创新,紧密结合自身业务特点,提出"创新务实"的技术理念。

(6) 合理科学的多项技术整合:门户站点内容管理技术、电子商务建设技术、论坛及博客技术、大型数据库技术、数据挖掘技术、海量信息检索等多项技术的综合运用在慧聪网建设中得到合理科学的整合与发展,对大数据量、大并发量的高度支持,在千万级数据量的基础上,支持每日千万级的访问量。

(7) 强大的硬件支持:采用当前主流的硬件平台,分布在全国多个核心骨干机房,超大带宽,从而保障了慧聪网提供高效稳定的 7×24 小时技术服务。

4.2.3 慧聪网的经营模式

慧聪自 1992 创建以来,从一个靠印油印报价单的企业发展到现在的中国网上贸易的主要服务商,在其经营模式上定有其过人之处。

1) 家族式的企业经营模式

慧聪的所有权和管理权都是家族式的。慧聪创立当初,郭凡生占有企业的50%以上的股份,依据《家族企业杂志》对家族企业的定义:"由家族通过股权或管理实现控制的企业",慧聪是一个典型的家族企业。纵观国际企业组织经营模式,家族式企业占整个企业生态形式的80%以上,家族式企业有其他形式的企业无法比拟的优势。慧聪的家族式企业的经营运作模式,给了慧聪在发展时期一个很有利的环境。同时,慧聪在受益权上面并不实行家族化,慧聪将企业的70%的红利分给员工,从而摒弃了一些家族式企业固有的缺点。

2) 创新产品和服务

慧聪将传统的媒体和电子商务结合起来发展,立足于"展+刊+网"联合发展,为电子商务企业提供传统渠道的宣传工具,为更广泛的中小企业服务。为净化B2B的交易环境,慧聪推出"买卖通",增强对上网企业信用的认证,同时也为上网企业提供了差别化的服务。为促进商家间及商家和买家间的交流,慧聪推出慧聪自己的IM软件"慧聪发发"。

同样,基于促进商家间的交流,慧聪逐步上线了慧聪论坛、博客和贴吧。为进一步完善慧聪的电子商务价值链,慧聪为新推出的"MadeInChina"寻找渠道合作商,整合传统的产品推广和分销的渠道。慧聪为了给客户提供更高效的搜索服务,携手中国互联网新闻中心,共同发起并成立了国内最大的以搜索引擎应用为基础的联盟组织——中搜联盟。

3) 价值链

首先慧聪通过慧聪网这个网络平台为慧聪用户提供一个交易场所,同时依据中搜的技术支持为用户提供更好的搜索服务。然后依据慧聪的网下传媒为商家提供更全面更及时的服务。最后,慧聪依据慧聪网在B2B市场上的影响力,联合其他的渠道提供商一起搭建一个供应链整合和协同的作业平台。

作为国内领先的互联网企业,慧聪网不仅依托以互联网技术为核心的买卖通产品为用户提供周到的解决方案,还充分利用雄厚的传统营销渠道——慧聪商情广告与中国资讯大全、研究行业分析报告及各类展会开展多渠道的、线上为主线下辅助的全方位服务,这种优势互补、纵横立体的架构,已成为中国B2B行业的典范,对电子商务的发展具有革命性影响。

【案例点评】

作为一个B2B网站,慧聪商务网通过企业上网解决方案、网络营销、商务服务及专业市场四大部分的功能提供全面、完整、多选择的服务,以此获取利润。慧聪电商经营模式雷同于阿里巴巴,靠提供基于供求信息的资讯服务,通过海量国内外用户在平台上发布信息寻找商机,以求能够在线下达成交易。与阿里巴巴不同,慧聪是靠资讯起家,资讯一直是其强项。慧聪网 CEO 曾在接受媒体访问时表示：做中立的信息服务商，网与刊相结合，既不追求出名速度也不追求上市速度，而是追求赢利速度，这些才是慧聪网赢利的重要因素。从这其中也能看出，资讯方面的优势始终是慧聪保持行业地位的法宝。

【思考题】

(1) 试总结慧聪网的发展优势有哪些？

(2) 慧聪网如何在电子商务竞争日趋激烈的未来进一步发展？

5　B2C 模式

B2C(Business to Consumer)是企业对消费者的电子商务模式。这种形式的电子商务一般以网络零售业为主,主要借助于互联网开展在线销售活动,它是人们应用最广泛的电子商务模式之一。一般来说,B2C 电子商务模式包括网上商厦和网上商店两种方式。

1) 网上商厦

网上商厦是指提供给具有法人资质的企业在互联网上独立注册开设网上虚拟商店,出售实物或提供服务给消费者的有第三方经营的电子商务平台。网上商厦由中立的第三方负责经营,有工商报备的独立的固定网址,服务提供方与服务对象具备法人资格,卖方在网上商厦开店,提供实物交易和服务。网上商厦平台具有在线支付功能和物流解决方案,对于商品(服务)的描述真实详细。网上商厦平台上的市场经营者必须具备完善与方便的服务功能,并在网站页面上明显标出,包括咨询服务、交易服务、退换货服务、三包服务、赔偿服务等。这类商厦如天猫商城。

2) 网上商店

网上商店是指具有法人资质的企业或个人在互联网上独立注册网站,开设网上虚拟商店,出售实物或提供服务给消费者。这种模式下的服务提供方具备法人资格,有工商报备的独立的固定网址,服务对象是消费者。经营者在网站上提供实物交易和服务,网上商店具有在线支付功能和物流解决方案,采取定价销售,网上商店的经营者必须能够提供完善与方便的服务,并在网站页面上明显标出,包括咨询服务、退换货服务、三包服务、赔偿服务等,如京东商城。

5.1　天猫商城

案例网站:https://www.tmall.com/

5.1.1　天猫简介及发展历程

天猫商城(简称"天猫"),原名天猫商城,是中国最大的 B2C 综合性购物网站,由淘宝网分离而成,由知名品牌的直营旗舰店和授权专卖店组成,现为阿里巴巴集团的子公司之一。天猫同时支持淘宝的各项服务,如支付宝、集分宝支付等。其整合数万家品牌商、生产商,为商家和消费者之间提供一站式解决方案。

2011年6月16日,原淘宝正式分拆为淘宝集市、天猫商城与一淘搜索。

2012年1月11日,天猫商城正式宣布更名为"天猫",宣布提供100%品质保证的商品和7天无理由退货的售后优质服务。

2014年2月19日,阿里巴巴集团宣布天猫国际正式上线,为国内消费者直供海外原装进口商品。

2015年,天猫"双11"全球狂欢节交易额超912亿元。

到2015年底,天猫已经拥有4亿多买家、5万多家商户、7万多个品牌。其中官方的知名品牌就达上万个,包括索尼、松下、夏普等数百个大牌也在2011年进驻天猫平台。此外,新蛋、1号店、库巴网、走秀网、西街网、麦考林、中粮我买网等各行业独立B2C也加入天猫。

实际上,天猫商城改名可以说是"早有预谋"。2010年11月,天猫商城"Tmall.com"独立域名上线。2011年6月,淘宝一拆为三:淘宝网、天猫商城、一淘网分别独立运营;9月,天猫商城开放引入数十家独立B2C网站;10月,天猫商城发布新规,提高进入门槛,尽管遭到波折,但最终仍坚持住了新规核心的原则底线。

5.1.2 天猫商城的战略目标

天猫商城是阿里巴巴集团打造的一家在行业中处于领先地位的全新的在线B2C购物平台网站。天猫商城依托淘宝网优势资源,整合上万家品牌商、生产商,为商家提供电子商务整体解决方案,为消费者打造网购一站式的服务。天猫商城主要提供一个消费者购物的平台和厂家企业在线销售的平台,整合卖方和买方的资源,为消费者打造一个方便、安全、有保障的购物环境。

天猫商城力争以淘宝网为主的消费者平台升级为"无处不在"的供需双赢的消费平台。新平台由阿里巴巴B2B和三家"Tao"公司一起完成对不同客户的服务:通过一淘网的购物搜索,淘宝网价廉物美的社区化创新以及天猫商城的精品专业体验给消费者以全新的感受;同时,也能更加专业化地帮助更多企业和创业者开展积极的电子商务服务和营销。

5.1.3 天猫商城的商业模式

1) 市场定位

天猫的定位从名称中就可以略见端倪。天猫总裁张勇在接受采访时表示,取这个名字一方面是因为"天猫"跟Tmall发音接近,更重要的原因是随着B2C的发展,消费者需要全新的、与阿里巴巴大平台挂钩的代名词,"天猫"将提供一个定位和风格更加清晰的消费平台。猫是性感而有品位的,天猫网购,代表的就是时尚、性感、潮流和品质;猫天生挑剔,挑剔品质,挑剔品牌,挑剔环境,这恰好就是天猫网购要全力打造的品质之城。

天猫的定位已经比较清晰。对内,是阿里巴巴集团在实物消费领域的主战场,承担着 B2C 电子商务发展的重担;对外,天猫将打造成一个多元化、时尚、品质和服务都非常好的虚拟商圈。特别强调的是,它不是一个 shoppingmall(购物中心)的翻版,更像是商圈,如上海的徐家汇、北京的 CBD。

2) 目标用户

天猫商城的目标客户是在网络购物中追求较高服务、较好产品质量、能够接受适当高价格的素质优秀的互联网络购物者。这些网络购物者是所有消费者中最优质的资源,他们收入较高,消费能力强,善于接受新事物,对服务的要求高。

3) 产品与服务

天猫商城的模式是做网络销售平台,卖家可以通过这个平台卖各种商品,这种模式类似于现实生活中的百货大楼,每个商家在这个网络"百货大楼"里面交一定的租金就可以开始卖东西,即主要是提供商家卖东西的平台。天猫商城不直接参与卖任何商品,但是商家在做生意的时候要按照天猫商城的规定,不能违规,违规会受到处罚。如果这个网络"百货大楼"想赚更多的钱,它就会加你租金,你不交他就会把你赶到(淘宝)集市上摆摊。这就是天猫商城,与我们现实生活中的百货大楼类似。

4) 销售与营销

2009 年 11 月 11 日,天猫(当时称天猫商城)开始在"光棍节"举办促销活动,最早的出发点只是想做一个属于天猫商城的节日,让大家能够记住天猫商城。选择 11 月 11 日,也是一个有点冒险的举动,因为光棍节刚好处于传统零售业十一黄金周和圣诞促销季中间。但这时候天气变化正是人们添置冬装的时候,当时想试一试,看网上的促销活动有没有可能成为一个对消费者有吸引力的窗口。结果一发不可收拾,现在"双十一"成为电商消费节的代名词,甚至对非网购人群、线下商城也产生了一定影响力。再到后来京东、易迅以及实体电商苏宁、国美的加入,如今,"双十一"不仅仅成为了电商的狂欢,也已经渗透进每个人的生活。

从 2009 年到 2016 年,"双十一"已经从天猫扩散到全电商平台,从国内扩展到全球。11 月 11 日,正逐渐从单一的电商营销日,变成了全球消费者的购物狂欢节,而这种扩展更是带动了整个中国商业的巨大变局。

5) 盈利模式

天猫摒弃了原来的淘宝网对普通的卖家和买家都免费的模式,而是以自己强大的市场份额和注册用户为依托,提供更加符合卖家要求的服务,充分挖掘了注意力经济的价值,从很多环节实行收费的模式,为其未来的盈利奠定了基础(商家入驻天猫的保证金、技术服务费、广告收入、关键词竞价、卖家应用软件收费、API 平台收入等)。

天猫建立的是一种新的 B2C 模式,传统的 B2C 的盈利模式主要在于压低生产商的价格,进而在采购价与销售价之间赚取差价。新的 B2C 模式则让生产商直接充当卖方的角色,直接让生产商获取更大的利益,天猫作为一个平台只收取一定的技术服务费。这种模式省去了中间分销环节,使电子商务直接介入到商品从生产到价值变现的流程中来。

【案例点评】

天猫商城旨在依托淘宝网优势资源,整合上万家品牌商、生产商,为商家提供电子商务整体解决方案,为消费者打造网购一站式的服务,力争将以淘宝网为主的消费者平台升级为"无处不在"的供需双赢的消费平台。通过开放平台等方式吸引更多的企业为商城平台上的卖家和买家提供各种各样的服务,使商城不仅仅是一个买卖的交易平台,还是一个提供生活服务的平台,进而形成一个电子商务网络购物生态圈系统。

【思考题】

(1) 天猫的发展对中国电子商务的发展产生了哪些影响?

(2) 天猫的成立对阿里巴巴公司有什么重大意义?

5.2 苏宁易购

案例网站:http://www.suning.com/

5.2.1 苏宁易购简介

苏宁易购是苏宁云商集团股份有限公司(简称苏宁,原名为苏宁电器股份有限公司)旗下的 B2C 电子商务平台,网站于 2010 年 12 月上线,所销售商品范围涵盖家电、消费电子、百货、母婴和图书等品类。2013 年随着"云商模式"的提出,苏宁实现了向全品类拓展,逐步延伸至金融服务和虚拟服务等领域。同年 9 月,随着开放平台的上线,苏宁易购通过吸引第三方卖家入驻,平台百货、超市类等非电器产品也不断丰富。

苏宁随着自身发展战略的不断调整,持续对自身集团架构进行优化。2013 年 3 月,苏宁将发展电子商务提升到战略高度,苏宁易购从独立的电子商务公司整合成为苏宁的电子商务经营总部,并于 2014 年春节后将线上线下业务进行了整合,成立了大运营总部。2015 年 8 月 10 日,阿里巴巴集团投资 283 亿元人民币参与苏宁云商的非公开发行,占发行后总股本的 19.99%,成为苏宁云商的第二大股东。

在集团架构持续优化的同时，线上业务实现快速发展。苏宁易购销售额持续保持较快增长，2011至2016年销售收入占苏宁集团总体营业收入比例稳步上升。

5.2.2 苏宁易购的运营特色

在实施云商战略后，苏宁用互联网思维对线上电商业务和线下实体门店进行整合，以用户体验为出发点，使消费者在消费过程的各个环节，无论线上线下都能享受到同质化的服务。苏宁已经逐步实现了线上线下商品价格、出样、展示、支付、配送和售后服务等多维度的融合，让消费者能够随时随地享受到苏宁的多种服务，从关注价格高低转为关注自身的消费需求和消费体验。

1) 价格融合

比线下店更具价格优势和便利性，是线上购物更受消费者欢迎的主要原因。这一方面导致了传统渠道的萎缩；另一方面还导致了许多线下店徒有客流，无成交量，因为许多消费者只在线下试穿试用，然后线上下单。

为了应对电商渠道给传统零售业带来的冲击及苏宁内部线上线下的渠道矛盾，从2013年6月起，苏宁开始实施线上线下同价计划，苏宁旗下所有实体店销售的商品将逐步实现与苏宁易购同价，苏宁不再区分线上线下，而是以一个整体的形式面对消费者。为了保证线上线下同价，苏宁借助其后台信息系统，将门店与线上相同商品的价格进行锁定，门店商品的纸质价签也逐步更换为电子价签，并与后台信息系统对接，使线上商品价格和线下店的价格保持统一。如果线上商品价格发生变动，线下商品价格会通过电子价签即时调整，保证线上线下调价零时差。

苏宁的线上线下同价，并不意味着单纯的"低价"，而是希望彻底打通实体店和线上平台，让线上线下用户以同样的价格享受同样的商品和服务，促进渠道融合。

2) 渠道融合

分布在全国的千余家实体门店是苏宁传统零售渠道的重要载体，通过逐步对实体门店进行互联网化改造，实现实体门店与苏宁易购的渠道融合。改造方式主要是通过在实体门店内设置易购综合直销区、云体验中心、虚拟货架、二维码墙和本地生活服务区等互联网专区，将线下购物的过程互联网化。

易购综合直销区内设有易购视屏墙，可供消费者访问苏宁易购网上商城及查询店内未出样的产品和评价信息。云体验中心是一个消费者自主体验区，消费者可享受云盘、云相册、云视频、云打印、远程拍照、应用商店、电子书、游戏、手机系统美化、IT帮客和移动客户端等增值服务。虚拟货架由多款电子屏组合而成，可以不受空间限制，为消费者提供商品展示服务。在门店内的每一个商品上都有二维码，消费者可以通过扫码支付，免去以往手工下单，排队支付的麻烦，让购物流程更简单、便捷，后期的物流、售后和客服等，也可以即时跟踪。

同时，苏宁也对门店的运营方式进行互联网化。比如增加本地化的营销、对产品进行社交化的传播。苏宁门店营业员利用微博、微信等社交平台发展会员，开展营销。同时，对门店的考核不仅计算店面里发生的销售，还包括门店周边辐射区域里所有线上的销售。在对线上线下的渠道进行融合的同时，苏宁还对售后服务部门进行了整合。消费者无论是在线上还是在线下购物过程中出现问题，无需将货物邮寄回去，而是可以联系最近的苏宁线下店进行解决。

3）物流融合

在物流融合之前，苏宁根据其线上线下业务建立了两套物流体系。一是以线下实体店为中心的大件物流和骨干物流，其辐射范围在70~80千米之间。苏宁的线下店主要集中在一二线城市，其在三四线城市的配送能力十分有限。二是以苏宁易购为中心的小件商品配送体系，此前主要依赖第三方物流。在实施"云商"战略之后，为了使线上线下能够更好地融合，苏宁对原有的物流体系进行了改造，主要是对线下物流体系进行改造，使其符合电商物流的特征。

在大家电配送方面，苏宁易购共享苏宁电器配送仓储网，直接就近配送。小家电、图书和百货等品类的配送则以原有仓库为中心，设置配送分支进行补齐。另一方面，苏宁在全国加大了仓库、物流站点及配送团队的建设，2015年，苏宁在全国完成57个大型现代化物流基地的布局，建成12个自动化分拨中心，300个城市配送中心和5 000多个社区配送站。

到2015年，苏宁已实现本地仓库出货城市半日达，12个一线城市异地出货全部次日达，并在北、上、广、深等重点城市推行了"一日三送"和"易速达"等特色服务，并在全国1 600家门店设立了自提点。

4）组织融合

传统企业的组织形式从上到下是金字塔形结构，其优点是分工明确，可以发挥专业优势，但是缺点也很明显，即各职能部门之间缺乏沟通协调机制，运转效力低。而电商企业一般则采取扁平化管理结构，信息流动较为通畅。苏宁在实施"云商"战略后，对管理结构进行了整合，以实现组织的融合。围绕"云商"模式，苏宁将原有的金字塔式组织结构转变为事业部式组织结构。在组织架构上，苏宁将重点构建总部管理层、总部经营层、地区执行层。

在总部管理层面设立连锁开发、市场营销、服务物流、财务信息、行政人事五大管理总部。

在总部经营层面，成立IT总部、运营总部和商品经营总部三大经营总部，涵盖实体产品、内容产品、服务产品三大类的20多个事业部，形成"平台共享＋垂直协同"的经营组合，支撑线上线下O2O全渠道经营和全品类拓展。

在地区执行层面，苏宁进一步优化扁平化管理和本地化自主经营程度。2013年，苏宁把大区、子公司、营运部三级管理缩减为大区、城市终端两级管理,并大幅扩充大区和城市终端数量,增强区域化运营和本地化服务能力,提升运营效率。苏宁将大区数量从44个增至60个,城市终端由100多个增加至200多个。通过数量扩充和组织下沉,苏宁将增强全地域覆盖和精细化运营能力,进一步提升竞争力。

5.2.3 苏宁易购的发展规划

苏宁易购基于集团互联网转型战略,在苏宁实体门店、物流、售后服务及信息化支持下,形成了与实体零售渠道全面融合的O2O模式,为线上线下用户提供更佳的购物体验。

2015年,随着苏宁O2O模式转型落地,连锁发展的新趋势已经形成,即在核心商圈开设云店,打造集体验、销售、服务、本地化营销为一体的区域生活服务中心。

未来规划苏宁云商实现全面云店化,在城市社区、农村市场布局苏宁易购服务站,实现互联网、云店广域覆盖下的网络密织延伸,充分发挥本地化优势。相比传统门店,云店服务内容和运营优势也大幅提升。苏宁云店的门店面积平均约为8 000平方米,是传统门店的一倍。公司线上、线下产品、活动及营销产品推广,会员、商品、服务、价格、支付线上线下统一。

此外,云店所有业务单元展示的载体,除电器经营品类外,融合金融、海外购、咖啡、超市、红孩子、美食、物流、售后等苏宁云商所有的商品和服务的新模式。通过"餐饮课堂、游戏体验区、孕妈讲堂、情景样板间"等体验区及"综合服务中心、售后服务中心"等功能区的加强,给消费者提供一站式、全面融合的O2O服务。

2020年,苏宁易购销售规模预计达到3 000亿元,销售网络拓展至香港、日本和东南亚等地,技术创新、数据研究等能力位居世界前列,成为中国领先的B2C平台之一。

【案例点评】

苏宁易购是苏宁电器集团的新一代B2C网上商城,形成以自主采购、独立销售、共享物流服务为特点的运营机制,以商品销售和消费者服务为主,同时在实体店面协同上定位于服务店面、辅助店面、虚实互动;为消费者提供产品咨询,服务状态查询互动;并将消费者购物习惯、购物喜好的研究反馈给供应商,提升整个供应链的柔性生产、大规模定制能力;同时通过与更多的第三方支付企业合作,优化网站的设计,加强用户体验,注重售后服务一体化建设,提高用户口碑与回头率。

【思考题】

(1) 苏宁的成功因素有哪些?

(2) 按照当前的发展模式,你认为苏宁将会遇到什么样的挑战?该如何应对?

5.3 京东商城

案例网站：http://www.jd.com/

5.3.1 京东简介

京东是中国最大的自营式电商企业，2015年第一季度在中国自营式B2C电商市场的占有率为56.3%。京东集团旗下设有京东商城、京东金融、拍拍网、京东智能、O2O及海外事业部。2014年5月，京东在美国纳斯达克证券交易所正式挂牌上市（股票代码：JD），是中国第一个成功赴美上市的大型综合型电商平台，与腾讯、百度等中国互联网巨头共同跻身全球前十大互联网公司排行榜。2014年，京东市场交易额达到2 602亿元，净收入达到1 150亿元。

京东创始人刘强东担任京东集团CEO。

2014年11月，京东集团宣布大家电"京东帮服务店"正式开业。京东称，未来3年，"京东帮服务店"将在全国区县铺开，达到千余家。

2014年11月20日，在浙江乌镇出席首届世界互联网大会的中共中央政治局委员、国务院副总理马凯介绍，阿里巴巴、腾讯、百度、京东4家企业进入全球互联网公司十强。2016年5月18日，京东正式敲响了6·18的战鼓。

2016年6月8日，《2016年BrandZ全球最具价值品牌百强榜》公布，京东首次进入百强榜，排名第99。

5.3.2 京东的商业模式创新

产业定位是指企业在产业链中的位置和充当的角色。京东商城将自己定位为零售业态的网上销售，处于产业链的末端销售环节，其模式的商业逻辑与传统零售业同出一源，通过销售服务，获得进销差额和供应商的返点。

商业模式创新就是对企业的基本经营要素进行变革。京东商城的电子商务模式是对初期亚马逊模式的模拟，并根据国内实际进行了创新，属于改变收入模式的一种创新。刘强东从宏观层面抓住了电子商务行业发展的机遇，准确定义了网上销售3C家电的用户需求，深刻解读了用户购买家电产品需要完成的任务或要实现的目标，即顾客看重的不是销售渠道，而是更低的价格以及相应的质量保证。基于此用户价值定义，京东为顾客提供了一整套网上销售的解决方案。

相对于亚马逊的初期网上图书卖场的定位，京东成功将大额商品的销售很好地推广到网上，并取得了不俗的业绩。尤其是利用国美家电、苏宁电器的实体店面作为自己的"体验店"，充分解决了顾客的信任问题，是一种非常高明的商业策略，同样的商品，超低的价格,极大地吸引顾客购买,迅速扩大了市场占有率。

5.3.3 京东的优势资源

1) 较为完善的技术支持

京东运营中枢通过 ERP 系统可以掌握每款产品的详细信息,如入库时间、采购员信息、供应商信息、进价、质保期、货架位置、客户的详细信息等。客户在购物时可以随时查询到所订购商品的具体状态。网页信息更新技术采用中间件的方式,从而避免了缓存,使客户能及时得到最新的信息。通过信息管理系统,可以预测到将来 15 天之内每天的销量。

2) 更为低廉的产品价格

京东的产品价格低,通常比市场价低 10%,有些产品的价格会便宜 30%。彩电比苏宁和国美连锁店通常要便宜 10%～20%,一些高端的国外品牌彩电会便宜 1 万元。

3) 相对快捷的物流服务

京东在华北、华东、华南、西南建立了的四大物流中心,覆盖了全国各大城市。2009 年 3 月,京东商城成立了自有快递公司,物流配送速度、服务质量得以全面提升。

4) 较为周全的在线服务

京东商城在为顾客提供正品行货、机打发票、售后服务的同时,还推出了"价格保护""延保服务"等举措,最大限度地解决客户的后顾之忧,保护客户的利益。

5.3.4 京东存在的问题

1) 商业模式缺乏持续创新

京东商城模式与亚马逊初期相似,对产品的熟悉、对顾客心理的掌控、对网络市场发展的推动,帮助刘强东成功地将 3C 产品引入了网上市场,其初期商业模式的创新可圈可点。但是,亚马逊的商业模式创新,已经演化为最激进的改变产业模式创新,正在进行向产业链后方延伸的商业模式创新,为各类商业用户提供如物流和信息技术管理的商务运作支持服务,并向它们开放自身的 20 个全球货物配发中心,同时大力进入云计算领域,成为提供相关平台、软件和服务的领袖。而京东商城在这方面还刚刚起步。

此外,京东除了沿用一直的低价,并未在用户体验、客户关系管理方面有着更为出色的表现,反而成为业界诟病的主角,即便打赢价格战,其商业模式也会制约其发展。京东转向平台建设,可以看到再次向亚马逊学习,面对占据了超强市场地位的天猫,这条路更不好走。因此,专注还是粗放,京东应该早作抉择,更应该花费精力,考虑商业模式的创新,而非通过"口水战"来吸引眼球。

2）滥用低价品牌稀释

直到 2007 年第一轮融资后，京东才成为一家具有明确商业目标的公司，以销售型营销为主的京东一直对营销缺乏宏观科学的规划。销售额的迅速增长导致服务、营销乏力，造成了京东口碑的混乱，顾客心中的京东是"便宜、便宜、再便宜"，只有低价的印象而无其他品牌含量，这对一家电商的领军企业来说是一个严重的缺陷。2010 年，京东虽明确地指出要加强品牌建设，但无所顾忌的价格战、缺货、诚信等因素都在稀释京东本就不强的品牌优势。传统家电巨头长虹、传统家电零售巨头国美最后均被自己发起的"价格战"打入泥潭说明，价格战可以为一时之用，却不可一直而为。正如香港大学杨仕名所说"所有价格战都是对整个行业的伤害，因为顾客心里的参考价格会被降低，市场总值亦会受拖累，当市场利润得不到正常的开展时，厂商更新产品的意愿也受影响，长远来讲发展亦受影响，博弈后剩下的幸存者要把市场重新导致平衡同样要一番努力。"

3）追求规模后续乏力

为扩大市场占有率，京东经营品类不断增加，作为网络购物的核心支撑物流建设也随之展开。作为自有物流配送比例占 70% 的京东，其压力可想而知。京东表示，2012 年仓储中心分为三级："一级现有 6 个，2013 年到 7 个；二级现在 20 个，最终要建 80~90 个；三级现在 700~800 个（主要是自提点），最终要建 3 000~5 000 个。"京东计划陆续动工 5 个一级仓储物流中心，面积约 80 万平方米，然而原定于 2010 年 4 月宣布的号称有"8 个鸟巢大小"的上海"亚洲一号"仓库延迟到 4 月才动工。上述情况表明，京东在某种程度上出现了规模过大、发展过快的问题。

5.3.5 案例总结

全球著名的企业管理大师彼得·德鲁克说，当今企业之间的竞争，不是产品之间的竞争，而是商业模式之间的竞争。电子商务的主要特征之一就是它创造了一种新的商业模式。作为中国电子商务自主平台的领军企业——京东商城，以一己之力在 2012 年搅动了整个电商行业大规模开展促销活动，引发了传统商业巨头进入到电商行业的浪潮，体现了其在业界的巨大影响。

商业模式是一个内容非常丰富的概念，必须从多环节、多视角进行全方位的评估。对其商业模式进行研究：于投资者而言，有利于评价京东商城的未来盈利能力；于京东商城而言，可以认识到商业模式中存在的不足和需要改进的方向；于竞争对手而言，可以通过京东模式审视自身模式的优劣；于整个电子商务产业而言，有利于管窥全貌，促进整体健康发展，具有较强的现实意义。

【案例点评】

京东商城作为中国最大的自营式电商企业，定位于零售业态的网上销售，设有京东商城、京东金融、拍拍网、京东智能、O2O及海外事业部,其抓住了电子商务行业发展的机遇,进行商业模式创新,以更低的价格、信息管理系统、自主物流系统及相应的质量保证获得顾客信任,极大地吸引顾客购买,迅速扩大了市场占有率。但与此同时,一味地追求低价,成了限制其商业模式进一步创新的阻碍,未能注重用户体验、客户关系管理,导致后续发展乏力。

【思考题】

(1) 试分析京东自建物流的原因。

(2) 针对京东面临的困境,试给出促进京东商城发展的建议。

6 C2C 模式

C2C(Customer to Customer)指消费者和消费者之间发生的电子交易活动。它是伴随互联网的普及而发展起来的,与 B2B、B2C 等并存的一种电子商务模式,通常以拍卖、竞价的方式开展商务活动。卖方借助互联网展示目标商品的详细信息,需求方则通过网络了解商品状况并在线报价,卖方再根据所有参与竞价的需求者提交的报价和有关资料决定生意是否成交。据中国电子商务研究中心(100EC.CN)监测数据显示,2015 年,中国网络零售市场中 B2C 市场交易规模占 51.6%,C2C 市场交易规模占 48.4%。

在 C2C 模式中,电子交易平台供应商扮演着举足轻重的作用。首先,网络的范围如此广阔,如果没有一个知名的、受买卖双方信任的供应商提供平台,将买卖双方聚集在一起,那么双方单靠在网络上漫无目的的搜索是很难发现彼此的,并且也会失去很多的机会。其次,电子交易平台提供商往往还扮演监督和管理的职责,负责对买卖双方的诚信进行监督和管理,负责对交易行为进行监控,最大限度地避免欺诈等行为的发生,保障买卖双方的权益。再次,电子交易平台提供商还能够为买卖双方提供技术支持服务,包括帮助卖方建立个人店铺,发布产品信息,制定定价策略等;帮助买方比较和选择产品以及电子支付等。正是由于有了这样的技术支持,C2C 的模式才能够短时间内迅速为广大普通用户所接受。最后,随着 C2C 模式的不断成熟发展,电子交易平台供应商还能够为买卖双方提供保险、借贷等金融类服务,更好地为买卖双方服务。因此可以说,在 C2C 模式中,电子交易平台提供商是至关重要的一个角色,它直接影响这个商务模式存在的前提和基础。

C2C 商务平台通过为个人买卖双方提供一个在线交易平台,使卖方可以主动提供商品上网拍卖,而买方可以自行选择商品进行竞价。C2C 模式是最能够体现互联网的精神和优势,数量巨大、地域不同、时间不一的买方和同样规模的卖方通过一个平台找到合适的对家进行交易,在传统领域要实现这样大工程几乎是不可想象的。同传统的二手市场相比,它不再受到时间和空间限制,节约了大量的市场沟通成本,其价值是显而易见的。

C2C 电子商务不同于传统的消费交易方式。过去,卖方往往具有决定商品价格的绝对权力,而消费者的议价空间非常有限;拍卖网站的出现,则使得消费者也有决定产品价格的权力,并且可以通过消费者相互之间的竞价结果,让价格更有弹性。因此,通过这种网上竞拍,消费者在掌握了议价的主动权后,其获得的实惠自然不用说,打折永远是吸引消费者的制胜良方。

拍卖网站上经常有商品打折,这对于注重实惠的中国消费者来说,无疑能引起他们的关注。对于有明确目标的消费者,他们会受利益的驱动而频繁光顾C2C;而那些没有明确目标的消费者会为了享受购物过程中的乐趣而流连于C2C网站。如今C2C网站上已经存在不少这样的用户。他们并没有明确的消费目标,他们花大量时间在C2C网站上游荡只是为了看看有什么新奇的商品,有什么商品特别有价值。对于他们而言,这是一种很特别的休闲方式。因此,从吸引注意力的能力来说,C2C的确是一种能吸引"眼球"的商务模式。

C2C电子商务的应用对于扩大交易机会、提高交易效率、降低交易成本、增加C2C电子商务网站的竞争力有着不可估量的作用。在C2C电子商务的发展中,政府扮演着很重要的角色,尤其是在制定制度、法律等方面发挥着不可估量的作用。而第三方物流公司的发展对解决C2C电子商务的瓶颈同样具有重要作用。同时,网民的诚信也是制约其发展的重要因素。只要能够做到上述各方面,我国的C2C电子商务不仅能够发挥其网络优势,降低交易成本,还可以提高用户的信赖度,杜绝网络诈骗,最终走上快速、健康的发展道路。

6.1 淘宝网

案例网站:www.taobao.com

6.1.1 淘宝网简介

淘宝网由阿里巴巴(中国)网络技术有限公司投资4.5亿元创办,于2003年9月4日通过注册审核,属浙江淘宝网络有限公司所有。淘宝网络有限公司虽由阿里巴巴投资,却是独立运作。阿里巴巴董事长兼CEO马云出任淘宝CEO,孙彤宇出任执行总经理。淘宝网最初是由十几名年轻的员工共同建立。成立之后,阿里巴巴在资金、人力、物力等各方面为淘宝提供强大的支持。

淘宝自成立以来就一直坚持免费的政策。这项政策降低了中国网民、网友、网商之间进行个人交易的门槛,是保护网上交易双方利益的措施,也是体现公平竞争规则的现实选择。除此之外,它还为淘宝积聚了人气,帮助淘宝取得了飞速的发展。

淘宝网个人网上交易的多项重要指标都占据了国内第一的位置。截至2014年底,淘宝网拥有注册会员近5亿,日活跃用户超1.2亿,在线商品数量达到10亿,在C2C市场中,淘宝网占95.1%的市场份额。淘宝网在手机端的发展势头迅猛,据易观发布的2014年手机购物报告数据,手机淘宝加上天猫的市场份额达到85.1%。

6.1.2 淘宝网的交易流程

淘宝网是典型的C2C电子商务模式,实行用户对用户的交易模式。淘宝网的业务模式分析主要体现在其交易流程上,如图6-1所示。

淘宝采用会员制,只对注册的会员提供服务,另外淘宝提供第三方支付工具——支付宝,帮助交易双方完成交易,提高网上交易的信用度。此外,淘宝还有实名认证制度,这极大地保证了网上交易的安全。

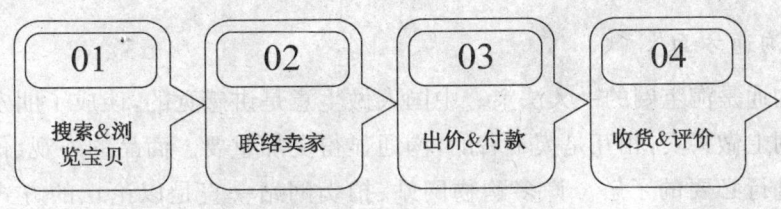

图6-1 淘宝网的交易流程

1) 淘宝的用户权限

淘宝网采用会员制,只对注册会员提供交易服务,对交易的物品称"宝贝"。有类似QQ的即时交易沟通工具"淘宝旺旺",目的是让交易双方更加方便快捷地进行网上交易。淘宝还提供留言管理、站内信件、淘宝社区等非实时的会员交流、协商方式。淘宝社区作为一个反馈论坛,有专人管理,回应"淘宝人"的发帖,仁者见仁,智者见智,促进了淘宝自律机制的动态发展。其他人进入淘宝网只可以浏览淘宝用户的电子店铺和商品,也可使用淘宝网的搜索工具进行搜索。

2) 淘宝的注册认证机制

用户通过虚拟的会员名、E-mail进行注册:填写信息→激活账号→注册成功。为了防止恶意注册设定校验码程序,激活程序有两种方法:E-mail和手机(一个手机号只能激活一个用户账号)。用激活的用户账号登录集买家、卖家管理和交易工具于一体的"我的淘宝"网页,就可以选择购买宝贝了,还可以发布求购信息让卖家找上门来。卖家发布商品,可以根据其信用情况采用"一口价""单件拍卖""荷兰拍"等方式。

3) 淘宝的实名认证

登录淘宝网,在"我的淘宝"点击"实名认证",进入认证申请页面。填写所需资料,并提供在有效期内证件(有效期3个月内的证件不予受理)和固定电话登记。未满18周岁不可以成为淘宝的认证会员。通过认证的会员不允许修改真实姓名和身份证号码。提交证件有两种方式:电子版本身份证照片;传统模式传真和信件方式。商家认证需提供有效身份证件、公司营业执照、授权委托书(视情况,需要时提交)。必须保证在淘宝上出售的商品与营业执照中经营范围相一致,否则淘宝有权追究责任。

2003年12月,淘宝网与公安部"全国公民身份证号码查询服务中心"合作,将会员认证资料交由该中心进行核对认证,并进行固定电话审核。验证需3个工作日,并以站内信件、电子邮件或者电话通知结果。淘宝承诺不会将您的信息泄露给第三方用作商业用途。一旦淘宝发现用户注册资料中主要内容是虚假的,淘宝可以随时终止与该用户的服务协议。

6.1.3 淘宝网的盈利模式

1) 即时沟通方面

有效的沟通是淘宝网的一大法宝。中国人做生意是讲感觉的,谈成了朋友也就谈成了生意。在网上做买卖,相互是摸不着的,沟通显得更加重要。商品的外观、价格等都必须通过交流进行必要的了解。许多购物网站、拍卖网站一直是以论坛的方式进行沟通的。买家卖家并不能及时地就商品买卖进行答复,这给网购者带来了不便。淘宝网通过特有的沟通方式——"淘宝旺旺"——一种类似QQ的聊天工具,解决了这一问题。正如淘宝网总经理孙彤宇说的,"淘宝是一个做生意和交朋友的地方""中国人做生意并不仅仅在意钱的多少,他们也很在意感觉"。可以说淘宝网既是"淘宝族"们聊感情的场所,又是谈生意的好地方。

从创办时起,淘宝网就一直对买卖双方都免费。淘宝网从开始就不限制买卖双方互留联系方式,所以后来才会出现属于它自己的即时通信软件——淘宝旺旺,使客户端与用户个人信息紧密结合在一起,极大地提高了交流效率。据统计,截止到2015年7月,淘宝旺旺已仅次于腾讯QQ,成为国内第二大即时通信软件。得民心者得天下,在把握用户方面,显然淘宝网做得很出色。在激烈的竞争条件下,淘宝网已经通过这种即时沟通的方式,把交易透明化、沟通便利化,在买卖双方、上下游企业之间建立了良好的盈利模式。

2) 支付方式方面

安全赢得青睐。安全问题一直是众多消费者质疑网上购物的主要原因。淘宝网的安全支付系统——"支付宝"在这方面获得了淘宝族的认可。VISA验证服务早已正式应用于支付宝在线支付系统,国内外任何一张带有VISA标识的银行卡都可以使用支付宝。直接交易变为中介交易,卖家的个人信用与支付宝的企业信用紧密地捆在了一起,从而使骗子的活动空间几乎被压缩为零。随着支付宝规则的不断改进,现在已经成为国内事实上的网络支付标准,几乎所有的跳蚤论坛都提供有支付宝交易的接口。

从 2014 年起,支付宝的盛行也形成了淘宝网实现盈利的一个新亮点。支付宝和淘宝的结合形成了淘宝的一个融资机构,基本类似银行,但比银行的操作模式简单。在用户不断交易的过程中,有一个汇进快汇出慢的时间差,同时还有付款和收到货物再支付的时间差,这当中就有一大笔资金和时间可以进行操作了。而且淘宝的交易量是相对稳定的。如果交易量少,可以通过淘宝的优惠提高交易量,以保证资金的常量,那么这笔常量资金就可以进行投资生利了。

可以说,支付宝的诞生不仅仅是淘宝网的一个里程碑,也是中国电子商务的里程碑,它解决了困扰电子商务的最大的障碍——支付。淘宝网首先在技术开发、市场和销售、服务、信誉等这些互不相同但又相互关联的经营活动,构成了一个创造价值的动态过程,为其最终获利打下基础。

3) 技术与物流方面

(1) 技术:淘宝网在 2003 年年底重新构架了网站。此后也在不断做底层优化,一方面开发新的功能;另一方面不断地根据实际情况修改架构。技术稳定的淘宝吸引了大量从 eBay 易趣逃离的用户,市场部门也适时推出了"蚂蚁搬家"的活动。在价值链的技术这个环节中,淘宝网无疑也为其最终盈利打下了良好基础。

(2) 物流:原本快递应该是各个卖家自己去洽谈的,这样做由于规模原因速递价格很高,零散卖家更是一直全额支付。然而,淘宝网创始人马云却想到了以淘宝网的名义把大家联合起来一起跟速递公司谈。面对如此大的蛋糕,哪家速递公司不动心呢?于是,全国速递费用就从当初的 15 元一下跌到了 8 元,还免费享受保价服务。和淘宝的主动整合物流相比,易趣的物流只能说是一盘散沙。这块核心市场的缺失注定了易趣用户的流失和迁移。

【案例点评】

淘宝网作为国内首选的网上购物平台,亚洲最大的购物网站,无论是在技术上、客户数量上还是在交易率上都已经具备了很强的实力,想要撼动它的霸主地位是极其困难的。淘宝网的成功因素可以总结为以下几点:注重用户购物体验,安全的支付体系,免费策略,完善的服务功能和恰当的营销策略。淘宝网最大的优势是它一支对于国内电子商务行业有着准确的理解、清晰的定位以及创新意识的团队。这一点是淘宝网在竞争中立于不败之地的重要原因。

淘宝网在盈利模式方面把交易透明化、沟通便利化,再加之完善的服务功能和营销策略,稳定的技术和便利的物流,大大提高了淘宝网的核心竞争力,使自己立于不败之地。

【思考题】

(1) 淘宝是如何保证交易的公平性和安全性的?

(2) 思考淘宝的竞争优势和不足，探究其未来发展之路。

6.2　58同城网

案例网站：http://su.58.com

6.2.1　58同城网简介

58同城网成立于2005年12月，姚劲波现任企业总裁及CEO。经过10年发展，58同城已发展成为覆盖全领域的生活服务平台。2013年10月31日，58同城正式于纽约交易所挂牌上市。这标志着58同城成功登录美国资本市场成为一家生活服务领域的上市企业。10年来，依托于人们飞速发展的日常生活需求，58同城秉承着"人人信赖的生活服务平台"的宗旨和"用户第一、主动协作、简单可信、创业精神、学习成长"的核心价值观，孜孜不倦地追求技术的创新以及服务品类的纵深发展，致力于持续为用户提供"本地、免费、真实、高效"的生活服务。

58同城业务覆盖招聘、房产、汽车、金融、二手及本地生活服务等各个领域。在用户服务层面，58同城不仅仅是一个信息交互的平台，更是一站式的生活服务平台。同时也逐步为商家建立了全方位的市场营销解决方案。在本地分类信息和生活服务领域，58同城已经建立了全面与本地商家直接接触的服务网络。截止到2016年第一季度，58同城在全国范围内共设立30家分公司，并在465个城市建立网络平台，凸显出58同城本地化、覆盖广、更专业的商业优势，进一步获得了客户和用户的认可，季度活跃本地商户达到1 700万，已认证商户达370万。

6.2.2　58同城网的商业模式

1) 战略目标

分类信息网提供面向大众的分类信息服务，满足普通老百姓日常生活的信息需求，拥有海量个人信息和商家信息，为网民解决日常生活及工作中的各类问题提供了便利实用的途径。商家和个人免费发布信息是它的最大特点，也由此吸引了众多分类信息广告从线下转移至线上。58同城网作为中国最大的分类信息网站，不仅具有上述特点及给用户提供免费的信息发布平台，而且通过自己的网站平台给用户及企业带来更大的收益。

2) 目标用户

58同城网作为中国最大的分类信息网站，又是本地同城交易，目标用户明确，主要是网站所在地的大众用户，并且对用户的计算机技术要求不高，只要会上网，会使用搜索引擎就行,但这个用户又必须有消费的需求。用户还包括对网络广告有需求的企业,这也是网站盈利模式之一。

3) 产品和服务

58同城网作为中国最大的服务性分类信息网站,主要面对个人用户,用户可以在其平台上免费发布自己的信息。同时,需求方也可以及时了解到对自己有用的信息,使自己的需求尽快得以满足。不仅为个人用户提供了资源丰富、信用度高、交互性强的分类信息平台,同时开通了酷车网、团购网,为用户提供更多的服务,并为商家建立了以网站为主体、辅以直投杂志《生活圈》、杂志展架、LED广告屏"社区快告"等多项服务的全方位的市场营销解决方案。

此外,58同城也展开移动互联网战略布局,开通了WAP站,让手机用户可以随时随地使用分类信息。用户可以进入www.58.com首页进行分地区、分类别浏览,也可以按照关键词搜索要找的分类信息,并且直接与信息提供者取得联系。用户也可将分类广告发布到www.58.com,当网民检索或者通过分类目录进行浏览时即可看到发布者的广告。发布者可以留下电话、E-mail、QQ等联系人信息,有需要这类信息的用户可以在短时将内与发布者达成交易。

4) 盈利模式

58同城网的宗旨是"客户满意,是我们的追求"。在58同城网上,大部分信息的发布是免费的。从2005年成立直到2009年,58终于实现了成倍的增长,实现了第一次盈利,在此之前,58同城一直在亏损经营。Goolge的成功经验也很好地证明了这一点:当把用户的利益放在首位时,才会从用户那里得到更大的回馈。58同城的宗旨就体现了这一点,现在其盈利模式主要通过广告收入、用户增值服务付费和建立在产品基础上的商家付费。58同城已经找到稳定盈利的模式,并获得更多风险投资的青睐。

58同城网的收入主要来自三个方向:

(1) 广告收入:根据CNNIC统计,现在人们获得信息的途径中,网络占到82.6%,不但超过报纸的57.9%,也超过电视的64.5%。58同城网的广告收入主要来自精准广告方面,其实商家对这类精准广告有着很强的需求,电视和报纸这些传统的广告媒介肯定都不合适,因为受众太广泛,无法传达到目标用户,但58同城网可以提供很好的平台。58同城网是一个服务型的分类信息网站,一直坚持本地化服务和探索,已经先后在465个城市建立了分站,而且按行政区划分,并将所有的行业进行分别归类做成黄页频道,只将本地本行业的商家放在一起推广,在用户有需求时登录相关黄页就能看到。此类广告对于用户来讲更容易接受,因此对企业的吸引力很大,并且企业也愿意在这里投放广告,因为在这里投放广告的效果比广泛投广告效果更好,且可以节省广告费用。

(2) 用户增值服务付费:只要成功注册为58同城网的用户都可以享受免费发布信息服务的一些基本服务项目。但是,如果要享受一些特殊服务项目,就需要付费。这不仅是58同城的盈利模式之一,同时,也是为了更好地为那些想要获得特殊服务的用户服务,因为58同城的注册用户很多,不可能每个用户都想要每种服务。

（3）建立在产品基础上的商家付费:在58同城上,大部分商家的产品信息发布是免费的,并且是按照发布时间的先后顺序排列的。如果你发布的时间早的话,很可能会被那些比你晚的商家发布的产品信息覆盖掉,如果你不经常在网站上发布自己产品信息,就很难被用户发现。但是如果你经常在此网站上发布,不仅占用时间,而且还占用自己的人力资源。成为58同城的赞助商,就可以把产品信息显示在网页的上边。当然这是收费的,但这相对于在电视或报纸上做广告可能要便宜得多。

6.2.3 58同城网的经营模式

58同城网现在已经发展成为中国最大的服务性分类信息网站。它属于近些年发展流行的所谓的"近联网"的模式。近联网这种商业模式使得整个城市就像一个大社区,城市中的每个人都可以利用网上提供的免费服务,完成就近交易。近联网模式不仅服务个人,还能为所有具有地域性服务特点的中小企业提供信息发布与广告平台,在这方面,近联网具有巨大的优势。这种地域性的交易,很自然地减少和避免了电子交易的风险性问题。

同时,58同城网的品牌定位是"身边的生活帮手",因此它一直在不断完善自己的"近联网"的经营模式,从而更好地实现自己的品牌定位。58同城网的免费政策吸引了大量用户登录注册,这也为网站带来了大量的流量,同时也使自己的网站获得了大量的免费推广。

【案例点评】

58同城网拥有一批具有开拓创新精神的团队,现在其盈利模式主要通过广告收入、用户增值服务付费和建立在产品基础上的商家付费。58同城已经找到稳定盈利的模式,并获得更多风险投资的青睐,对个人发布信息是免费的。58同城及公司CEO姚劲波在此前获得了很多的荣誉,公司发展潜力极大。所以作为分类信息网站,58同城与竞争对手相比,有着自己的经营特色,具有很强的竞争力。

58同城作为全国最大的服务性分类信息网站,发展"近联网"商业模式,定位于网站所在地的大众用户,为商家和个人发布信息提供免费平台,目标用户明确,其业务覆盖招聘、房产、汽车、金融、二手及本地生活服务等各个领域。主要的盈利模式包括广告收入、用户增值服务付费和建立在产品基础上的商家付费,不断提高其核心竞争力。此外,58同城网还拥有一批具有开拓创新精神的团队,公司发展潜力巨大。

【思考题】

（1）分析当前信息分类网站的特点,探究其盈利模式。

（2）为什么58同城网能获得风险投资的青睐?

6.3 三只松鼠

案例网站：http://www.3songshu.com/

6.3.1 三只松鼠简介

三只松鼠股份有限公司成立于2012年，是中国第一家定位于纯互联网食品品牌的企业，也是当前中国销售规模最大的食品电商企业。三只松鼠品牌一经推出，立刻受到了风险投资机构的青睐，先后获得IDG的150万美金A轮天使投资和今日资本的600万美元B轮投资。2015年，三只松鼠获得峰瑞资本（FREES FUNDD）3亿元投资。

三只松鼠是由它的创始人兼CEO章燎原先生带领一批来自全国的粉丝组成的创业团队创立而成。章燎原先生在其任职业经理人期间，用10年打造出了安徽最知名的农产品品牌，一年时间打造出了网络知名坚果品牌。其较强的品牌营销理念以及草根出身的背景，使他能够迅速掌握消费心理，在电商业界素有"电商品牌倡导者"的称号。三只松鼠便是其组建的一个全新的创业团队，这个团队正在逐渐扩大，从最初的5名创始成员发展到700人的规模，平均年龄在23岁，是一支极具生命力和挑战力的年轻团队。

三只松鼠主要是以互联网技术为依托，利用B2C平台实行线上销售。凭借这种销售模式，三只松鼠迅速开创了食品产品的快速、新鲜的新型零售模式。这种特有的商业模式缩短了商家与客户的距离，确保让客户享受到新鲜、完美的食品，开创了中国食品利用互联网进行线上销售的先河。三只松鼠以其独特的销售模式，在2012年双十一当天销售额在淘宝天猫坚果行业跃居第一名，日销售额近800万。其发展速度之快创造了中国电子商务历史上的一个奇迹。三只松鼠2013年销售额突破3亿。

6.3.2 "三只松鼠"的销售模式

"三只松鼠"将自己定位为森林食品品牌，倡导"慢食快活"的生活方式。首先听到森林这两个字就感觉到大自然畅快的感觉，代表着自由、不受约束、悠然自得的感受；而"慢食快活"更是与很多人内心的渴望不谋而合，"三只松鼠"提出的生活理念精准地契入了目标顾客的心灵。为了更好地与顾客进行交流，"三只松鼠"推出了微杂志《慢食快活》，杂志里杜绝一切与销售有关的信息，只是单纯作为与顾客心灵沟通的平台。

在广告的推广力度方面，三只松鼠借力于淘宝平台，成为了食品市场领导者。其广告转化率（即通过点击广告进入推广网站的网民形成转化的比例）总和达到了24.3%，其中淘宝钻石展位的贡献率为20.3%，淘宝钻淘宝直通车的贡献率为2.79%，但是站外的贡献率仅有0.94%。其只做线上直销的销售方式，一定程度上限制了站外广告贡献率的发展提高。

值得一提的是,三只松鼠的情感式创意营销——卖萌营销,获得了较大成功。三只松鼠采用品牌虚拟化的代言人,并且是最亲民的卡通虚拟化——三只小松鼠。品牌卡通形象的包裹、吐壳的垃圾袋、封包夹、擦嘴的湿巾等都和坚果的休闲零食特质相符合。当客服跟顾客沟通的时候,还会演化成宠物和主人的关系,以卖萌的口吻拉近与顾客的距离。不仅如此,三只松鼠的子品牌——松鼠小贱,推出了动漫作品。动漫作品能够吸引儿童及青少年的注意。参照大力水手动画的播出使得菠菜的销售量提升,三只松鼠也能很好地利用动漫营销的优势。

三只松鼠的营销方式获得巨大成功,导致其他竞争对手纷纷抄袭,前期营销的优势正在慢慢减弱。据2015年5月份31天的百度指数搜索结果显示,虽然三只松鼠在整体搜索热度中仍然排名第一,但反观搜索热度的整体同比提高率,却在其竞争对手中排名垫底。其主要竞争对手百草味的搜索热度增长率高达90%,其次要竞争对手良品铺子也高达50%,而三只松鼠的增长率仅有20%。这些数据可以在一定程度上反映出,三只松鼠的广告营销力度优势正在慢慢减弱,为了继续保持优势地位,急需开发新的品牌营销热点。

6.3.3 "三只松鼠"战略总结

1) 强化品牌营销,保持品牌独特性

随着互联网的普及,网民人数越来越多,上网日益成为消费者日常生活中不可或缺的一部分。网购文化在全社会的兴起,是电商产业发展的大好时机。

三只松鼠要继续利用电商的互联网广告转化优势、信息交流平台,将营销平台分散化,不能仅依靠于天猫淘宝,而要将微信、微博、视频网站等视作重要营销平台,全方位深入扩大品牌的影响范围。

加大动漫营销的投入,吸引儿童青少年,带动儿童青少年的购买欲望,就是将其家长转化为消费顾客。同时儿童青少年也是未来的潜在客户,强化品牌营销有利于企业未来的长远发展。

2) 革新生产技术,拓宽分销渠道

坚果食品市场的进入门槛低,且现阶段不同商家的产品正趋于同质化的发展。在做好产品营销的情况下,三只松鼠要加大产品的研究投入,生产更符合消费者口味的坚果食品。

为了保持产品的新鲜度而放弃拓展线下分销渠道,导致线下市场被其他竞争者抢占,实为有待商榷的做法。其实保持产品新鲜度与增设线下分销渠道并不矛盾,只要加大仓储的布局,尽可能在全国范围内寻找更多优质的原材料产地,完善物流供应链,就可以同时兼顾产品新鲜度和线下分销渠道。线下销售市场不容低估,线下销售市场集合了大批喜欢现挑现买的中老年消费者,他们的闲暇时间充裕,而且不极力追求网购的送货上门的便利。我国正逐步进入老龄化社会,中老年消费群体会继续扩大,所以线下分销渠道的设置十分有必要。

3) 预测消费需求，抢占未来市场

产品适销对路，就能不断扩大市场占有率增加营销额，有利于企业改变经营管理，提高经济效益，有利于企业有计划地开展营销活动，提高企业的经济管理水平。由于休闲食品市场的竞争越来越激烈，市场的变化发展迅速，要求企业提前预测消费者需求。

大数据时代到来，使预测消费者的未来消费需求成为可能。大数据时代的数据分析决定成本控制和投资回报率。三只松鼠通过前期的推广已经获得了大量经验和数据，在接下来的时间里，三只松鼠就需要进一步优化已有的数据资料，提前预测消费者的需求变化，及时推出新产品，安排生产提前一步抢占市场，进而取得优势。

4) 完善公司部门制度

各个部门都有自己的岗位职责，只有确定各个部门的职责，才能促使企业正常的运行，促使企业正常的发展。建立和完善企业部门制度对于中小企业十分重要。三只松鼠面对的主要困境就是部门建设的不稳定，一旦有大量的新员工应聘，企业就大幅改动部门的设置，这对于公司的稳定发展来说十分不利。在完善公司的部门制度时，企管部需要扮演重要角色。

【案例点评】

三只松鼠能否一如既往地保持和不断提升服务是决定品牌持续竞争力的核心，发货速度、原料采购质量及客服经验仍有待提升。三只松鼠在资本市场上正变得抢手，日后是否因为做大而怠慢了消费者，降低了品质和服务的追求，拉远了与大众的距离？

产品加服务只是品牌的底色，灵魂和内核则是品牌的持续创新能力和发展实现能力。在中国一炮走红的品牌并不鲜见，经典而持久、至今仍在我们的世界中仍能全方位得到我们的尊重和敬仰的品牌少之又少。中国式强大的模仿能力，导致众生一哄而上，再一哄而下，跟踪而至的互联网礼品化坚果品牌已铺天盖地，中国电商普遍只赚吆喝不赢利，三只松鼠，能打破这一窘相吗？营销，需要的不是华丽，而是实质和实效。

三只松鼠想要改变未来，需要更全方位的视野、更专业化的操作和更深植市场的努力，需要与更多的同路人携手努力，进行实质营销、实质管理、实质经营，拓宽视野和格局，改善效率和方法，加倍收获与产出，才能加速成功的实现。

三只松鼠作为当前中国销售规模最大的食品电商企业，定位于纯互联网食品品牌企业，凭借优质的服务、新鲜健康的产品以及广告推广、情感营销等方式深受消费者信任，开创了中国食品利用互联网进行线上销售的先河。

【思考题】

(1) 探究三只松鼠的创新性，说说它从哪些方面吸引了消费者。

(2) 对比其竞争对手，三只松鼠还有哪些需要完善的地方？

7　C2B 模式

C2B(Consumer to Business)即消费者对企业的一种电子商务模式。C2B从本质上是先有消费者需求产生而后有企业生产，即先有消费者提出需求，然后由生产企业按需求组织生产。通常情况为消费者根据自身需求定制产品和价格，或主动参与产品设计、生产和定价。产品、价格等彰显消费者的个性化需求，生产企业进行定制化生产。C2B模式充分利用互联网的特点，把分散的消费者及其购买需求聚合起来，形成类似于集团购买的大订单。在采购过程中，以数量优势同厂商进行价格谈判，把价格主导权从厂商转移到消费者自身，以便同厂商进行讨价还价，争取最优惠的折扣。C2B模式改变了B2C模式中用户一对一出价的弱势地位，个体消费者可享受到以批发商价格购买单件商品的实际利益，从而增加了其参与感与成就感。因此，C2B模式是一种逆向商业模式，它有两个重要的核心：一个是个性化定制；另一个是集体议价。

C2B模式通常通过C2B电子商务网站实现。与传统的电子商务网站不相同，在C2B电子商务网的形式下，消费者可以不用辛苦地去寻找商家，而是经过C2B网站把需求信息发布出去，由商家上来报价、竞标，消费者可以选择与性价比最佳的商家成交。C2B电子商务网的开发潜力大，能帮助消费者快速购买到自己称心的商品，主要表现在以下几个方面：

（1）省时：消费者不必为了买一件商品东奔西跑，浪费时间，只需在C2B网站上发布一个需求信息，就会有很多商家上来竞标。

（2）省力：不用再费心思到店里跟商家砍价，只要在C2B网站上发布需求时报一个自己能够承受的价钱，凡是来竞标的商家就是能接受这个价钱的。

（3）省钱：C2B模式网站会帮助消费者寻找很多有实力的商家来围着买家（消费者）竞价钱、比效率，买家可以从中选择性价比高的商家来交易。

当前，多数C2B电子商务网站是以网络团购网站的形式出现的。

7.1 聚划算

案例网站：https://ju.taobao.com/

7.1.1 聚划算简介

淘宝聚划算网是阿里巴巴集团旗下的团购网站，淘宝聚划算网是淘宝网的二级域名。该二级域名正式启用时间是2010年9月。

聚划算页面与一般团购网站相似，商品主要由淘宝网的大卖家和品牌商提供。淘宝网聚划算并不负责资金流和物流，用户在聚划算下订单之后，把费用直接支付给商品的卖家，再由商家直接对下单客户负责，淘宝网并不从"聚划算"获得任何费用。

以"品质团购每一天！"为服务口号的聚划算网站，与其他团购网站相比，其优势在于不仅有淘宝网庞大的购物群体，而且还有淘宝网平台的商家支持。陶然说，淘宝网聚划算创建初期没有获利的考虑，并且团购项目只会出自淘宝网的商家。

这家从淘宝独立出来的团购营销平台公司起步时仅有100余人，却在2011年创造了101.8亿元的销售奇迹，几乎占据了中国团购市场过半的份额，就连此前饱受质疑的本地服务团购业务也达到了6.48亿元。

2011年10月20日，阿里巴巴集团宣布，淘宝网旗下的团购平台聚划算以公司化的形式独立运营，成为阿里集团旗下又一家独立子公司。

2013年初，聚划算公布了2012年聚划算团购数据，全年交易额达到了205.5亿元，是2011年的2.03倍，占据团购行业的半壁江山。共有2 000多万消费者在聚划算上购买过各类商品，平均每天有800万人次访问聚划算，最热闹的一天有537万个下单量；从地域上看，上海、北京和杭州的聚划算交易额位居前三，分别为4.9亿、4.2亿和5.7亿。

7.1.2 聚划算的运营模式

1) 合作运营模式运营商资质要求

(1) 团购网站：全国大小团购网站，地方性团购业务运营商。

(2) TP服务商：熟悉淘宝业务流程和规则，提供电子商务服务的TP服务商。

(3) 本地生活服务商：与本地生活属性关联的本地服务商，如报业、物流、行业协会、品牌厂商、大型商场超市、大型连锁店、卡券票证服务商、互联网公司、传统传媒等。

2) 合作流程

(1) 招商流程：如图7-1所示。

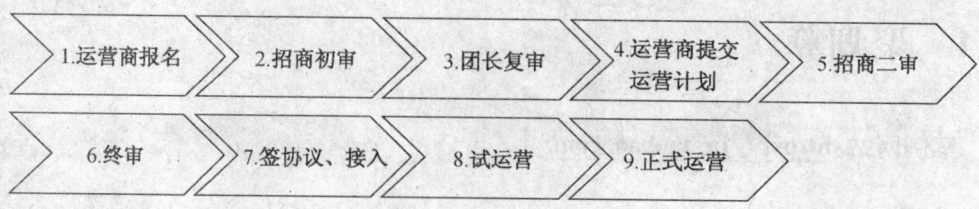

图 7-1 招商流程

（2）接入流程：如图 7-2 所示。

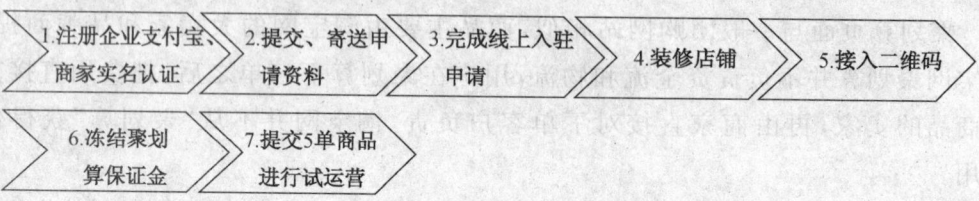

图 7-2 接入流程

（3）消费流程：如图 7-3 所示。

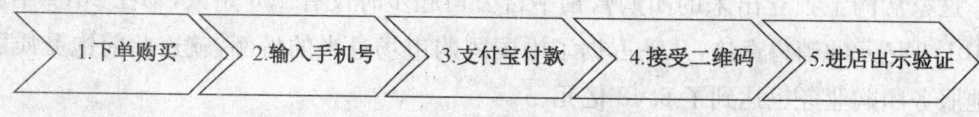

图 7-3 消费流程

3）盈利模式

（1）创造稳定收益：运营商以城市为单位，在天猫或淘宝集市开设店铺，开发本地生活服务优质商家推送至聚划算平台参加活动，通过网上交易赚取稳定利润。

（2）轻松实现常态经营：运营商开发的商品除推送至聚划算外，同时在淘宝本地生活服务进行常态化经营，打造本地生活线上专业供应商。

（3）打造品牌服务商：稳定的聚划算流量，专业的生活服务 TP 培育体系，依托大淘宝打造专业的生活服务 TP 服务商。

7.1.3 聚划算的创新模式

1）本地化团购模式

"物流的速度真快，早上 8 点多买的，中午就到了。""真的是超值，还送货上门，不错哦"……在不少买家印象中，发货量大的团购产品往往要等。而聚划算本地团近期推出的"当日达"团购，以商场超市类产品为主打，不仅价格更为便宜不说，而且还在当天送货上门，为买家们省去了逛超市大包小包、找车位、排长队等一系列琐碎的流程，从购买评价来看，受到用户的普遍欢迎。

2）聚划算团购新升级

随着手机端版本的不断更新，聚划算的界面也不断优化。图7-4中是iPhone端4.8.1版本的聚划算界面。

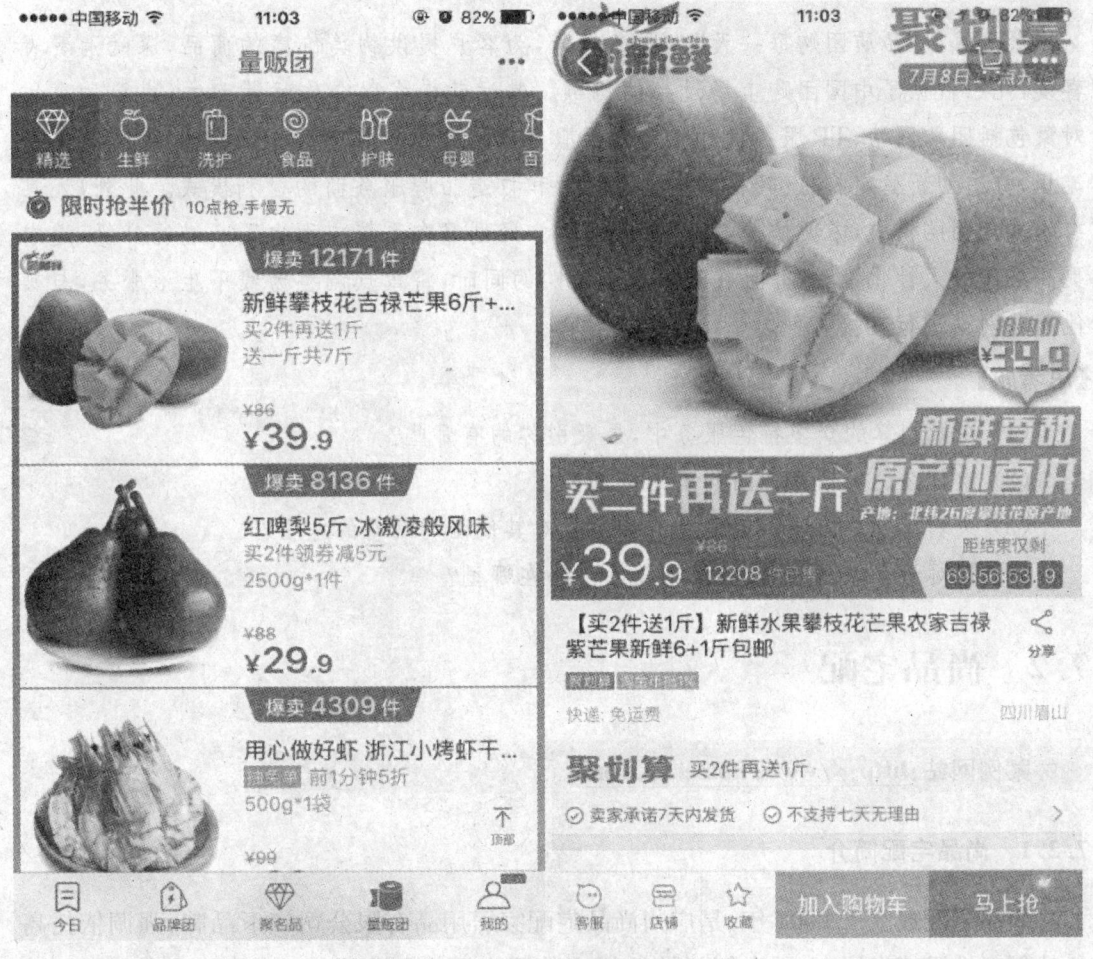

图7-4 聚划算页面

3）线下团购

淘宝网于2011年2月23日上午在其开放战略宣告会上宣布，此前专注于网络商品团购的"聚划算"重新将调解为线下区域化的团购，正式加入"千团大战"，和拉手、美团、满座、高朋等公司直接竞争。

2008年前，GroupOn模式的团购网站开始热起来，很快有1 700家团购网站出现，淘宝网在当时也推出了一个团购服务，名为"聚划算"，和团购网站推广线下生活服务（餐饮、健身、足浴、电影等)为主的办法不同,聚划算只团购网络商品,对这个领域的影响并不大。2011年,聚划算将重点调整为线下生活服务了,和团购网站直接竞争。

淘宝2012年开始搭建区域化的团购运营平台,和其他团购网站一样,也包括很多地方分站。淘宝通过多种形式与各地团购网站、服务企业合作,以搭建一个标准的团购网站。

【案例点评】

聚划算以"品质团购每一天"为服务口号,为客户提供物美价廉的商品,深受消费者喜爱,几乎占据了中国团购市场过半的份额。其运营模式以合作运营为主,主要的合作对象包括团购网站、TP服务商和本地生活服务商。聚划算具有严格的招商、接入和消费流程,打造创新稳定收益、轻松实现常态经营和打造品牌服务商的盈利模式。此外,还具有本地化团购模式,方便快捷,商品当天送达。聚划算在系统方面也不断进行升级,追求更高层次的人性化设计,并且在追求线上团购的同时,将重点调整为线下生活服务,与其他团购网站进行直接竞争。

【思考题】

(1) 在聚划算的众多特色服务中,最吸引你的有哪些?
(2) 为什么说聚划算是团购里的奇迹?
(3) 聚划算今后应该如何发展?如何应对其他团购网站的冲击?
(4) 相对于其他网站来说,聚划算的优势在哪里?

7.2 尚品宅配

案例网站:http://www.homekoo.com/

7.2.1 尚品宅配简介

尚品宅配成立于2004年,是广州尚品宅配家居用品有限公司旗下品牌,强调依托高科技创新性迅速发展,在国内创新性地提出数码全屋定制家具概念,是行业中的服务标杆企业,多项技术获得中国家具协会颁发的科技进步奖。

尚品宅配作为中国家具协会授予的科技应用示范基地,拥有厂房11万平方米,国内最先进的电子开料锯数台,CNC加工中心数台,拥有世界先进的3D虚拟设计,3D虚拟生产和虚拟装配系统,2007年巨资打造的基于数字条形码管理的生产流程控制系统,具有"秒"级的加工控制评估,其思想和技术堪称世界一流。截至2016年,尚品宅配在广州、上海、北京、南京、武汉共拥有38家直营店,在全国拥有800多家加盟店,承担每天来自国内外几百个顾客家居一体化设计解决方案制作,拥有中国家具行业最齐全的上万件产品库、房型库和方案库等三大库应用体系。

7.2.2 尚品宅配的经营模式

实体店与网店的结合，个性化家居全屋定制，按需设计、定制，定制产品的大规模生产，这些都是相比传统家居行业前进一大步的"成绩"，尤其是最后一点最具"革命性"，因为在以前，包括在国外，定制产品一向是采用多品种小批量生产的模式。重要的不是这些"技术"，而是尚品宅配通过打通这些环节，完全实现了按消费者需求设计产品、按订单生产的模式，可以最大限度地满足顾客个性化需求，真正做到了："顾客需要什么，我们就能生产什么"；顾客需要多少，我们都能定制生产。

定制家具其实不是个新鲜的概念，每个木匠都能做。一直以来，定制是尊享的代名词，但往往效率低、质量不可控，后来演变成了个性化的重要特点。但尚品宅配显然又将定制概念向前推进了一大步，使定制开始演变成为普通百姓的生活方式。

不过，尚品宅配引起官方的密切关注倒不完全因为这个，而是因为它顺应了某种时代趋势，符合国家相关大政方针。汪洋书记主政广东以来，恰遇全球金融危机蔓延，以外向型为主的广东经济受到巨大影响，他也一直在努力推动广东的产业转型与产业升级。

这种与顾客互动式的设计服务，不仅可以融入消费者自己的想法，也能让消费者先看效果再买家具，这样，消费者就可以从过去被动地接受产品转变到主动参与到产品的设计、制造中来。这种独特的运营优势足以支撑着尚品宅配成为同行业中最优秀的企业，运用信息技术，将生产操作程序化，应该是将传统家具制造业改造升级成为现代家具服务业的典范。

有人指出，中国完成城市化进程的任务仍然艰巨，与欧美70%以上的城市化程度相比，仍有20%的差距，这个过程给家具行业带来很大的发展空间。其中，定制家具占整个家具市场份额的10%左右，而且每年在以20%的速度递增，因此定制行业的发展空间巨大。更何况，现在年轻人越来越流行DIY(亲力亲为)精神，个性化定制必将是家具市场未来的重要方向。

7.2.3 尚品宅配的核心竞争力

1) 定制——大数据驱动的C2B模式

定制和规模化，从来是站在现代消费的两端。前者是一个高端消费的代名词，后者则往往意味着平价、大众和标准化。对于所有定制类业务而言，个性是其中高附加值的最终来源，但也是妨碍着业务几何级增长的绊脚石。因为定制的过程中，有太多需要让单个消费者各自满意的细节，这些细节足以让任何一条大规模标准化生产线叫苦不迭。

但在尚品宅配的总经理李嘉聪看来，个性与共性并不矛盾，"有一点是最重要的，是基础性的，那就是再个性化的东西，你往下分，还是可以找到有共性的那个层次"。大数据支持多样化设计选择。而这每一套的新方案,又会上传至数据库中,成为后来者的参考。这样重复滚动之下,短短五六年时间,尚品宅配竟然已经为全国近3万个楼盘,40多万户家庭提供了近30万种个性化方案。在受房地产行业低迷影响而增长乏力的家具行业,尚品宅配仍然能够实现60%的年复合增长,仅广州的一家体验店在2014年就实现了2亿营业额,如此的数据不能不说是源自于这种极其高效、快速的C2B定制模式。

2)生产——"所有的环节都是电脑指挥人"

2014年定制家具约占整个家具市场10%左右的份额,每年以20%的速度递增,顾客对家具个性化的要求已日趋明显。令传统家具厂商头疼的是,如何生产更多、更便宜的"定制"家具?据李连柱称,从2013年开始,已经有一群带着疑问的家具厂老板到尚品宅配的工厂里"偷偷摸摸地参观了"。千里迢迢来到广东的工厂,吸引他们的只有一种可能:尚品宅配对后台运营流程进行的信息化改造。

无论对什么产品进行定制,模块化和标准化的分析、拆解和重组都是简化工作、快速配置产品的不二法门,但具体应用到家具生产中,并非易事。仅以橱柜为例,传统的橱柜加工厂商,一天做出50套橱柜已经很不错,但尚品宅配面对的是每天几百套的订单,而且各不相同。在加工过程中最耗时的打孔步骤,传统工厂中的熟练工人需要15分钟才能够完成每张板子数据计算、调整高度、操作打孔的过程。这样的效率显然无法支持大规模的定制生产。

在尚品宅配,客户下订单后,便进入了客户看不到的后台信息化流程。实时交易平台把分布在全国各地的消费者、店面和总部连在一起,可以随时查询、修改。客户通过店面或网站签好订单的那一刻,相关信息就能即时传回总部。接下来系统将不同订单中的家具按照白橡木、苹果木等板材分类,根据分类数据,机器以材料利用率最高的原则,将大板材切成各种规格的零部件,并自动生成条形码。开料之后,加工板材的机器扫描条形码,识别出板材的加工图,进行封边、钻孔等一系列加工,整个过程在48小时内完成。

自动化加工结束之后,工人将大大小小不同形状的板件推到库房中,根据条形码上的编号,对应放进不同号码的陈列格中。接下来的环节被李连柱形容为"抓中药",工人根据电脑中提供的信息,抓取每份订单中所需要的不同号码的板件,打包装好送入库房,迅速转运至全国各地。

在这个过程中,条形码应用系统、生产过程自动控制系统是尚品宅配信息化改造的精髓。在开料时,经过改进的电子开料锯与电脑系统直接连接,"人指挥机器干活"的过程变成了"机器指挥人干活"。打孔过程中,每个工位都增加了条码扫描识别和工艺图纸显示系统,加工设备与设计系统中的CAD软件实现无缝对接,根据条形码自动调整机位进行打孔,至于具体怎么打,为什么这样打,"工人也不知道"。这些方法实现了设计、销售和生产过程的数据集成,其直接效果是:工厂产能提高近4倍,每天的加工量从30单增至120单左右;工人年平均产值从15万元增至50万元;出错率降低50%。高度自动化的生产使得在工人的眼里,没有产品的概念,只有板件的概念,降低对技术要求的同时,更减少了企业雇佣熟练工人的成本。在通过信息系统合理化配置后的加工过程中,材料的利用率能达到90%以上,比传统生产方式提高5、6个百分点,节省成本1 000万元左右。另一方面,在实现同样销售额的情况下,传统家具厂商必须有大量库存,尚品宅配则是按需生产,总部工厂每2天用收到的预订款采购一次原材料,加工好的成品库存周转很快,相当于厂家只支付存放产品的场地租费。

更重要的是,通过对生产方式、系统结构、人员组织的改革,传统生产变为了"柔性生产",能对市场需求变化做出及时反应,根据顾客需求进行快速、彻底的定制。在订单、采购、设计、生产加工到物流配送的整个过程都被加速之后,尚品宅配定制家具的提货周期,比之传统的购买流程(经过生产商、代理商、经销商层层环节)还要更短。

7.2.4 案例总结

传统电商都是基于流量变现,但现在竞争激烈,单纯靠购买流量的模式已经不可持续。尚品宅配通过大数据功能提升整个流量的变现能力,支撑着尚品宅配C2B模式的发展。尚品宅配通过各个渠道客户信息的累积和网站的轨迹,采集数据,指导自己的运营。例如,通过人群点击网站浏览轨迹,尚品宅配就知道大多数人喜欢看什么类型的产品,在定向研发时就会偏向于这些方面。再如通过云设计和大数据,尚品宅配的后台系统对每一个设计师贴标签,设计师一打开后台系统,系统就会自动显示其所有情况,比如这一段时间量了多少尺,量尺进店率是多少等。当设计师的系统数据表现极差时,系统会自动停止设计师的业务,脱产参加培训。这种精细化的管理,不断提升了设计师的能力且不需要主管具体管理。这种依靠先进信息技术和大数据的做法,让尚品宅配的差错率从传统厂商的30%下降到1%,生产效率提高到传统厂商的10~20倍。

尚品宅配的成功,可以向其他制造业同行展现一点:信息化和大数据已经无可争议地成为了制造业转型最重要的两根支柱。离开了这两条,无论如何也不可能满足消费者多样的个性化需要。而在产品的核心竞争力之外,所有被认为是成本的事情,都应该考虑将其转化为营销的手段。

【案例点评】

尚品宅配作为C2B家具行业中的定制服务标杆企业,依托其大数据和信息化迅速发展着。其经营模式为实体店与网店结合,个性化家居全屋定制,加上定制产品的大规模生产。符合国家相关大政方针的规定,使消费者从过去被动接受产品转变到主动参与产品设计中。在核心竞争力方面,尚品宅配依托其大数据,为多样化设计提供支持;生产中注重后台信息化流程,包括条形码应用系统和生产过程自动控制系统等,缩短了家具的提货周期。

【思考题】

(1) 为什么说尚品宅配的出现具有革命性意义的?

(2) 与传统电商相比,尚品宅配的优势在哪里?

(3) 如何评价"机器指挥人干活"的生产方式?有何借鉴意义?

8　O2O 模式

O2O(Online to Offline)即将线下商务的机会与互联网结合在一起,让互联网成为线下交易前台的一种电子商务模式。这样线下服务就可以用线上来揽客,消费者可以用线上筛选服务,并在线结算,线上与线下通过O2O被打通了。简单说,O2O模式就是让用户在线支付购买线下的商品和服务后,到线下去享受服务,因此,O2O模式特别适合必须到店消费的商品和本地生活服务,如餐饮、健身、电影和演出、美容美发、摄影等。

与B2C模式相比,O2O模式具有以下特征:

(1) O2O应立足于实体店本身,线上线下并重,线上线下应该是一个有机融合的整体,信息互通、资源共享,线上线下立体互动,而不是单纯的"从线上到线下",也不是简单的"从线下到线上"。

(2) O2O模式的核心是在线支付。一旦没有在线支付功能,O2O模式中的线上就仅仅是一个简单的信息发布。在线支付不仅是支付本身的完成,是某次消费得以最终形成的唯一标志,更是消费数据唯一可靠的考核标准。尤其是对提供线上服务的互联网公司而言,只有用户在线上完成支付,自身才可能从中获得效益,从而把准确的消费需求信息传递给线下的商业伙伴。

O2O模式通常通过O2O平台开展业务,最主要的表现形式即团购网站。但O2O和团购不能对等,因为O2O的商家都是具有线下实体店,而商品团购中有些商家则没有实体店。

真正的O2O模式,必须是闭环的O2O。所谓闭环,是指两个O之间要实现对接和循环。首先,线上的营销、宣传、推广,要将客流引到线下去消费体验,实现交易。但是这样只是一次O2O模式的交易,还没有做到闭环。要做到闭环,必须从线下再返回线上,线下的用户消费后,回到线上开展消费体验反馈、线上交流等行为,这才实现了闭环,即从线上到线下,然后再回到线上。

在生活服务领域中,用户的行为不像商品电商一样都在线上一端,其行为分裂为线上线下两部分,从平台的角度来说,若不能对用户的全部行为进行记录,或者缺失了一部分,那平台对商家就失去了掌控,也失去了与商家的议价权,平台对商家的价值就变小了。因此闭环是O2O平台的一个基本属性,这是O2O平台和普通信息平台的最重要的区别。

8.1 携程网

案例网站:http://www.ctrip.com/

8.1.1 携程网的发展历程

携程旅行网简称携程网,是中国领先的在线票务服务公司,创立于1999年,总部设在中国上海。携程网已在北京、广州、深圳、成都、杭州、厦门、青岛、南京、武汉、沈阳、南通、三亚等12个城市设立分公司,员工超过10 000人。

作为中国领先的在线旅行服务公司,携程网成功整合了高科技产业与传统旅行业,向超过4 000万会员提供集酒店预订、机票预订、度假预订、商旅管理、特惠商户及旅游信息在内的全方位旅行服务,被誉为互联网和传统旅游无缝结合的典范。秉持"以客户为中心"的原则,以团队间紧密无缝的合作机制,以一丝不苟的敬业精神、真实诚信的合作理念,创造"多赢"伙伴式合作体系,从而共同创造最大价值。

携程网运用了先进的O2O模式,通过网络来招揽消费者,然后在线下为消费者提供服务。携程网向超过5 000万名注册会员提供包括酒店预订、机票预订、度假预订、商旅管理、高铁代购以及旅游资讯在内的全方位旅行服务。截止到2016年,携程网拥有国内外32 000余家会员酒店可供预订,遍布全球138个国家和地区的5 900余个城市,有2 000余家酒店保留房。在机票预订方面,携程网是中国领先的机票预订服务平台,覆盖国内外所有航线,并在45个大中城市提供免费送机票服务,每月出票量40余万张。

8.1.2 携程网的商业模式

携程网通过专业化经营建立旅游网上百货超市,通过整合旅游信息创新旅游价值链,采用立体营销方式增强其品牌影响力,是用制造业的标准做高品质旅游服务。携程网的商业模式集中反映了互联网平台与传统旅游企业资源的结合,互联网旅游企业商业模式的构建只有与旅游市场发展同步,才能最大限度地发挥其优化作用。携程网在运行过程中时刻本着"利用高效的互联网技术和先进电子资讯手段,为会员提供快捷灵活、优质优惠、体贴周到又充满个性化的旅行服务,从而成为优秀的商务及自助旅行服务机构"的原则,不断挑战自我,借助前瞻性的思考和持续性的创新为其快速成长提供保证;通过推陈出新的产品、服务和技术手段使其在日新月异的互联网时代能更好地满足日益多样化的客户需求。

8.1.3 携程网的经营模式

1) 网上广告形式及收费标准

携程网的广告分为义务广告和非会员式的收费广告,其中前者是对签约酒店、合作伙伴等在特定栏目给予的信息介绍,后者是针对专项介绍进行收费的广告。

2) 客户细分与协同发展

携程在经营过程中采用客户细分策略,主要将客户分为携程会员、合作卡会员和公司客户。还可以细分为普通会员和VIP会员。

3) 个性化经营与质量管理

携程在发展中注重个性化,即给用户一个能自我选择、习性搭配的舞台,这个舞台包括丰富的产品和准确的产品信息。携程网在对待服务质量时,就像对待产品质量一样的细致。

4) 合作经营与优势互补

携程网在发展策略上注重多方合作,曾先后与众多旅游单位结成良好合作伙伴关系。通过合作壮大自己的力量,填补自身的不足,共同发展网上旅游中介事业。

5) 营销策略

携程网以客户为中心,不仅保证为客户提供便捷、周全、可靠、亲切、专业的服务,而且利用先进的技术提供网上、网下24小时服务。其免费会员注册的打折优惠及升级制度、生动活泼的虚拟社区在线论坛、携诚VIP专区为其营销成功提供了保障。

8.1.4 携程网的技术模式

携程网一直将技术视为企业的活力源泉,在提升研发能力方面不遗余力。携程网建立了一整套现代化服务系统,包括客户管理系统、房量管理系统、呼叫排队系统、订单处理系统、E-Booking机票预订系统、服务质量监控系统等。依靠这些先进的服务和管理系统,携程网为会员提供更加便捷和高效的服务。

总体来说,携程网整体技术模式较为先进,它不仅采用国际高端软件硬件产品,保证整个系统的正常运行,还针对自身业务范围、运营特点进行设计,开发出独特的应用系统。鉴于携程网酒店预订、机票预订及旅游项目等业务在技术实现过程中集中表现在对信息的发布和双向互动沟通上,其技术手段上主要侧重于以下几个方面:服务的先进性、高度互动性;信息传播的安全性、正确性;业务的信息化、数据化;交流的多样性、合作性。

8.1.5 携程网的管理模式

携程网通过低成本和建立服务与产品的差异性来提高旅游企业的竞争力,把诸多信息组合起来,形成信息产品销售给消费者。这个过程中,信息流和资金流涉及的多,物流很少,这些特征很适合用电子商务的方式去实现。电子商务的低成本、支付电子化、信息高效传递、宣传覆盖面广等特性是传统旅游企业所不具备的。旅游电子商务中,售前旅游企业可以借助网上主页和电子邮件在全球范围内进行宣传,客户可借助网上搜索工具快速找到需要的旅游产品信息;售中可以实现网上订购、网上支付,还可以实现旅游产品模拟体验;售后的信息反馈更及时,便于对消费者的行为进行有效分析。其中包括预测等待时间、坐席系统、数据统计和监控管理。

8.1.6 案例总结

2015年,在线旅游市场继续保持如火如荼的发展态势,大量资本的涌入以及行业巨头企业大规模投资并购事件频频发生。数据显示,2015年前三季度在线旅游企业投融资额超过450亿元,是2014年在线旅游投融资额的2.4倍,资本市场对在线旅游的热情高居不下。

在这种背景下,携程网想要保持自己在行业中的领先地位可以从以下四个方面出发。第一,缩减加盟酒店数量。首先要果断砍掉那些设施、服务不符合标准的酒店,然后在同一区域同一类型的酒店中,实施竞价推荐,这样能自然控制酒店数量,同时保证佣金上升,且形成良性循环,直接带来合作酒店客源大增、酒店提供的服务更好、消费者更满意的效果。第二,寻找新的市场增长点。不要只盯着经常旅行出差的人群,要知道偶尔旅行出差的人次汇总起来要远远大于经常旅行出差的人次。第三,提高销售效率。第四,改变市场策略。

【案例点评】

携程网作为中国领先的在线旅行服务公司,运用先进的O2O模式,通过线上推广招揽消费者,然后进行线下消费。携程网提供了包括酒店预订、机票预订、度假预订、商旅管理、特惠商户及旅游咨询等服务,整合了旅游信息,创新了旅游价值链。携程网以网上收费广告、客户细分及协同发展、个性化经营与重质量管理以及以客户为中心的经营模式,在技术上建立了一整套现代化服务系统,包括客户管理系统、房量管理系统、呼叫排队系统、订单处理系统、E-Booking机票预订系统、服务质量监控系统等,管理上注重通过低成本和建立服务与产品的差异性来提高旅游企业的竞争力。携程网是将高科技和传统产业成功结合的典范。

【思考题】

(1) 请讨论自主游在现阶段所遇到的挑战和机遇。
(2) 如何评价携程网"像制造业一样生产服务"观点?其有何借鉴意义?
(3) 如何理解在旅游电子商务中出现的安全支付问题?

8.2 美团网

案例网站：http://nj.meituan.com/

8.2.1 美团网的发展历程

美团网是2010年3月4日成立的团购网站。美团网有着"美团一次，美一次"的宣传口号，为消费者发现最值得信赖的商家，让消费者享受超低折扣的优质服务；为商家找到最合适的消费者，给商家提供最大收益的互联网推广。

2014年，美团全年交易额突破460亿元，较2013年增长180%以上，市场份额占比超过60%，比2013年的53%增长了7个百分点。

2015年1月18日，美团网CEO王兴表示，美团网已经完成7亿美元融资，美团网估值达到70亿美元，最近两年不考虑上市。

2015年10月8日，大众点评与美团网宣布合并，美团网CEO王兴和大众点评CEO张涛同时担任联席CEO和联席董事长。11月，阿里确认退出美团，阿里腾讯O2O正式开战。

2015年11月10日，美团网CEO王兴发内部邮件表示，将不再担任联席董事长。

8.2.2 美团网的商业模式

1) 目标用户定位

美团网的目标群体为18～40岁之间的，接受过一定文化教育的中产或中产以上的阶层。这部分人群具有强大的消费力，也是当今网民的主体。美团网客户的定位是比较清晰的。

美团网将顾客细分成两类，并不一味地在网上对已有顾客进行强力网络营销，而是针对不同的顾客构建不同的营销模式，具体为：

（1）线上顾客：线上顾客又分为线上已消费顾客和线上尚未进行消费顾客两类。线上已消费客户即是当前美团网的主要顾客群体。

（2）线下顾客：线下顾客和线上尚未进行消费顾客构成美团网潜在顾客群体，对于这类顾客，美团网充分利用现有顾客网络进行"顾客关系营销"，推出"返利活动"进行市场推广，人们可以通过这些平台把美团介绍给更多的人。老会员每成功介绍一位新会员将自动获得10元奖励。这将为美团带来巨大的潜在客户。

美团网创始人王兴认为，美国团购网站GroupOn成功的关键在于"线上网站最大限度地带动线下实际消费，释放人们的消费需求"。虽然现代社会人们不缺少选择的机会，但是人们为了节省时间和精力,需要有专门的人为他们提供最具生活品位的消费场所,"我们就是'消费顾问'的角色"。

2) 盈利模式

(1) 商家佣金:这个是团购网站最常见的盈利模式。美团网根据商家所销售的产品总额进行佣金的收取,或者直接与商家协议做折扣活动,得到佣金的协议金额,或者通过直接获取商品的中间差价盈利。

(2) 消费者沉淀的资金:据美团网 CEO 说,2010 年未消费的资金达到了全部营业额的 5%,某些团购网站的未消耗资金居然高达了四成,很显然这成为团购网站收入的一部分。王兴在 2011 年新闻发布媒体会时指出,在过去的一年里,团购业在中国出现并迅速发展,但服务中存在的各类诟病也在不断积累,让消费者不满,并影响到了中国团购行业的发展,"其中最为突出的是部分消费者购买的团购券由于种种原因来不及消费,那么这部分钱就白白打了水漂,并成为一些团购网站的牟利之源"。

(3) 广告费:广告收入也成为团购网站未来的一部分收入,如此大的流量成为各个商家打广告的受众基础,带给商家和网站很好的广告平台,有些商品可能不适合在网上进行团购销售,但是与团购的商品有些相似性,那么把这些商品放在网站上能起到很好的促销作用,使商家和网站平台实现双盈利。

8.2.3 美团网的核心竞争力

美团网线下团队的执行力被认为是美团网的核心竞争力之一。到 2015 年,美团网在近 100 个城市有分公司,近 1 500 人,315 个分站,有员工约 2 500 名,年龄平均在 26 岁左右。而同样排名前 10 的某些团购网站员工数接近美团网的 2 倍,但其消费者满意度和销售数据等指标却远低于美团网。美团网销售团队的执行力由此可见一斑。

美团网是一个轻资产公司,唯一的核心资产就是人。能不能留住好的人,把他们培养的更好,这个是核心竞争力。美团网的技术团队很多是从王兴之前创立的"校内网""海内网""饭否微博"等网站留下来的技术骨干以及从百度、新浪等大型互联网公司跳槽来的优秀人才,具有很高的技术水平、执行力以及企业忠诚度。

美团的企业文化崇尚技术、科技,这保证了整个公司运转的高效、自动化。和一般团购网站的轻技术重市场有很大的差别,美团的技术部门是所有部门中待遇最好的,所有技术人员使用的都是人体工学座椅加苹果电脑。更好的客户体验和高效准确的数据分析结果便是这重视技术研发带来的优势。

美团网站的整个系统都是自行开发的,从而可以方便地对第一手数据进行提取分析。而其自行开发的财务结算系统,更被美团视为一个骄傲。这套自动结款系统大大提升了商户结算效率,带给商户一种安心的合作感受。同时基于普通用户体验研发的品控系统、短信系统、客服热线系统、用户评价系统都大大提高了工作效率,改进了用户体验。美团还利用其技术优势,先后推出了基于 Android、iOS 等各种智能手机系统的客户端以抢占移动应用市场。正是在互联网与 IT 技术的驱动下,美团网在成立的第二年销售额获得了 10 倍的增长,销售额达 18.2 亿,成为国内最大的本地服务电子商务网站。至今,美团网还保持着每月 10% 以上的增长率,单月销售额已超 2 亿。

与很多团购网站获得融资后请明星做代言,大打广告战,通过烧钱的方式进行推广不同,美团至今没有做过任何线下广告,没有请过任何明星做代言,美团的所有推广都是在线上进行,如搜索引擎优化、线上广告、SNS 推广等。正是这种独特的推广策略为美团节省了大量的资金。不仅如此,美团良好的客服和高品质的产品也赢得了广大消费者的认可,在经过几年稳步的发展之后,取得了超过 20% 的市场份额,其销售额和成交量均排国内团购网站首位。另外,其健康的资金流赢得了不少风投的青睐,使得美团网得到大笔融资。

【案例点评】

1) 开发新项目,创新团购模式

当前团购网站提供的产品服务同质性严重,缺少独特的创新项目。针对于团购网站的当前局限性,美团网应当与时俱进,增加服务项目模块,拓宽服务的种类,打造一站式的服务平台。同时,不拘于"一天一团购"的模式,多与商家沟通提供多方式的团购模式也是一种创新。一个没有活力和创新的企业是很难在当今社会中生存下来的。

2) 增加宣传渠道

当前美团网的宣传模式还是主要集中于网络宣传,虽然开始在地铁站台、公交等实体场所进行宣传,但是对于新的宣传渠道利用度仍然不够。美团网应该加强在新的渠道的宣传力度,从而更有效地提高市场占有率,成为市场的领导者。

3) 立足新的移动端市场增长点

随着智能手机的普及,移动端市场对销售贡献率不断攀升,网络团购的移动化是一个趋势。而现阶段立足于移动端的团购网站只有 10 多家,美团应抓住机遇,利用先天优势,扩大移动端市场的优势,发展成为新的利润增长点。

4) 招聘优秀人才,提高团队素质

人才招聘也是美团网所需要的,也是提高竞争力的手段之一,加强人才培养和招募,可以为企业注入一股新的活力。同时加强公司员工的培训,培养高素质、高技能、高服务意识的人才,才能让企业的竞争能力更加持久、更加有效。

美团网作为 O2O 团购网站的模范,将目标群体定位于 18 到 40 岁之间、接受过教育的中产或中产以上的阶层。商家佣金、消费者沉淀的资金和广告费是它主要的利润来源。美团网拥有着一支执行力强的线下团队,吸引着大量的优秀人才。对先进科技的崇尚,保证了整个公司运转的高效、自动化,美团网的系统全是自行开发,能够及时获取第一手数据,这些都是其核心竞争力。但面对激烈的竞争,产品服务同质性严重,缺少独特的创新项目。因此,需开发新项目,创新团购模式,增加宣传渠道,立足新的移动端市场增长点,招聘优秀人才,提高团队素质。

【思考题】

(1) 试从技术方面分析美团的核心竞争力。

(2) 美团的商业模式带给你何种启示?

8.3 沱沱工社

案例网站:http://www.tootoo.cn/

8.3.1 沱沱工社简介

沱沱工社始创于食品安全事件频发的2008年。创业团队出于强烈的责任心,希望能为更多的中国人提供安全的食品,于是以有机农业为切入点,建立起从事"有机,天然,高品质"食品销售的垂直生鲜电商平台。凭借雄厚的资金实力,沱沱工社整合了新鲜食品生产、加工、网络销售及冷链日配等各相关环节,成为中国有名的生鲜电商企业之一,满足了北京、上海等一线城市的中高端消费者对安全食品的需求。沱沱工社自建有近万平方米集冷藏、冷冻库和加工车间为一体的现代化仓储配送物流中心,采用冷链物流到家的配送运作模式,将新鲜的食品精准交付给消费者。

8.3.2 沱沱工社的运营模式

沱沱工社初期选择生鲜O2O电商的理想化运营模式——贯穿全产业链模式。全产业链模式要求企业上游渗透到基地,中间控制物流,末端抓住用户群。全产业链模式从源头上需要自营农场,这在集中生产和管理上可以极大程度上保障产品质量与食品安全,统一生产管理也会降低生鲜的基础成本。在物流方面,集中配送,统一调配使得生鲜在运输过程中尽可能少的周转,大大降低生鲜品的损耗,保障产品品质,提升配送效率,尽可能让购物体验更好。在消费终端,企业可以通过消费者的信息反馈,迅速指导农场生产方向和品类,减少不必要的投资风险。同时,为了让消费者能够真切地体验到产品,沱沱工社全产业链模式也可以开展线下试吃、免费品尝、参观农基地等活动,打消了消费者对产品品质和初期试销的顾虑。这种和消费者的互动行为能最大化地黏住忠实用户。

8.3.3 沱沱工社的运营范围

沱沱工社官网信息显示,沱沱工社将全部商品分为8大类。从沱沱工社自身定位来讲,有机蔬果、肉类禽蛋依然是其主打产品。打开生态日用栏目,可以发现二级目录甚至有个人护理、家电产品出现,这其实有违沱沱工社初衷主打生鲜商品的定位。品类的增加可以为平台带来更多的流量,满足用户的多方面需求,但是生鲜市场并不是大而全就一定能够盈利。相反,之前出现的"褚橙""潘苹果""柳桃""任小米"等很多单一品种在短期的推广过程中不仅赚足了眼球,而且盈利也是盆满钵满。

8.3.4 沱沱工社的配送体系

沱沱工社官网信息显示,沱沱工社在北京和上海都建有仓储。目前有两种主流配送方式:一种是沱沱工社自营配送;另一种是委托顺丰速运、圆通速递、宅急送等第三方物流公司。为了保证物流配送的安全与品质,沱沱工社投入大量资金,构建了自己的冷链配送体系。沱沱工社采用冷藏专车进行配送,并配合各种冷藏保鲜器具,确保最后一公里物流配送的食品安全。自营配送在压缩成本、提高服务质量等方面有着不可比拟的优势。自营冷链甚至可以集中配送生鲜产品直达用户,有效减少中转环节,减少产品损耗。自营配送,消费者也可以选择更为精准的配送时间,但是,这种精确的要求对沱沱工社的物流提出了更高的挑战。

2015年春节期间,沱沱工社由于年货订单量激增导致用户订单积压,在其官方微博致歉信中看到,由于物流配送引发的一系列问题,给沱沱工社带来很大影响。大多数用户的线上生鲜购买消费习惯还没有养成,生鲜O2O市场用户黏度本来就很小,稍有差池顾客就会流失。通过第三方配送的生鲜商品,在产品品质控制与送达效率方面更是硬伤。

8.3.5 沱沱工社的商品来源

目前,沱沱工社的产品分为自产和采购两部分。自产商品主要来自沱沱有机农场,采购主要针对一些品牌供应商。但无论是自产还是外采,沱沱工社都会有严格的产品检测。沱沱工社的自产产品在品质控制等多方面有着天然优势,更重要的是沱沱工社能够主动掌握产品定价权,便于打造核心竞争力的商品,利于产品标准化生产、经营和管理。另外,沱沱工社通过企业后台数据分析,能准确抓住消费者的需求,供给市场所需,这往往能够填补盲目生产带来的不利影响。

不断爆发的食品安全问题,让中国的消费者对于安全食品的需求越来越大,线上商品的信息开放和可追踪性,让产品的安全有了足够保障,这也是生鲜O2O模式的优势之一。生鲜商品的上游极其关键,拥有好的商品,然后经过自营配送,可以将商品损耗降至最低,而且用户体验也是很不错的。也许这就是与沱沱工社模式类似的生鲜O2O平台最初的预想。据了解,沱沱工社出巨资在平谷区马昌营镇投资建设了1 050亩有机种植基地——沱沱有机农场。

沱沱有机农场为了让消费者能够真切地体验到产品,会组织各种线下采摘、种植、试吃、参观活动,和消费者进行各种线下互动。与此同时,在消费终端,用户和市场的第一信息反馈可以及时指导农场调整种植计划,将投资风险降到最低,为沱沱农场在其产品定价上掌握更多的主动权。近年来,政府对于有机农业也开始在政策上进行扶植,这些都有利于行业发展。但是自有农场在沱沱工社今后发展推广过程中必然会面临诸多困难,其模式更是需要强大的资金基础为前提。

8.3.6 沱沱工社的销售渠道

沱沱工社拥有自己的官方销售平台渠道,消费者可以在此平台完成采购、支付。与此同时,沱沱工社还进驻了天猫、京东等第三方有机频道。到2015年,沱沱工社还是以自营平台客户为主,进驻第三方平台的主要目的是为了扩大知名度和渠道占位,也就是说其广告意义要大于销售意义。

【案例点评】

做生鲜行业,一定要严格把控商品质量和产品安全。目前,沱沱工社在物流、售后、客户服务等方面还有很多功课要做。只有消费者的认可和满意才是企业持续发展与更好生存的前提条件。另外,沱沱工社还要进一步提升自己的品牌,发力差异化发展,产生可持续的毛利润,树立良好的品牌形象。相信做好这一切,未来企业盈利只是时间长短的问题。

生鲜O2O难做,生鲜O2O行业的领头羊更难做。但是面对一个具有广阔市场前景的"大蛋糕",丰厚的利润和刚需的市场会吸引更多企业、巨头入局。2015年,生鲜O2O市场注定不会平静。

沱沱工社,作为中国领先的O2O垂直生鲜电商平台,以有机农业为切入点,整合新鲜食品生产、加工、网络销售及冷链日配等相关环节,目标客户定位于北京、上海等一线城市的中高端消费者。沱沱工社的全产业链模式,包括自营农场、冷链物流链和消费者信息反馈,对商品质量和产品安全进行严格把控。如今沱沱工社不仅拥有自己的官方销售平台渠道,还进驻第三方平台,目的是扩大知名度和渠道占位。为应对市场激烈的竞争,沱沱工社还应继续强化物流、售后、客户服务等方面。

【思考题】

(1) 你认为沱沱工社的品牌竞争力在哪里?
(2) 生鲜行业进入电子商务时代说明了什么?

9 SNS 模式

SNS(Social Networking Services)即社会性网络服务,专指旨在帮助人们建立社会性网络的互联网应用服务,也指社会现有已成熟普及的信息载体,如短信 SNS 服务。SNS 的另一种常用解释为:全称 Social Network Site,即"社交网站"或"社交网"。社会性网络(Social Networking)是指个人之间的关系网络,这种基于社会网络关系系统思想的网站就是社会性网络网站(SNS 网站)。SNS 也指 Social Network Software,社会性网络软件,是一个采用分布式技术,通俗地说是采用 P2P 技术构建的下一代基于个人的网络基础软件。

SNS 是一个平台,建立人与人之间的社会网络或社会关系的连接。例如,利益共享、活动、背景或现实生活中的连接。一个 SNS,包括表示每个用户(通常是一个配置文件)的社会联系和各种附加服务。大多数 SNS 是基于网络的在线社区服务,并提供用户在互联网互动的手段,如电子邮件和即时消息。SNS 有时被认为是一个社交网络服务,但在更广泛的意义上说,SNS 通常是指以个人为中心的服务,并以网上社区服务组为中心。社交网站允许用户在他们的网络共享他们的想法、图片、文章、活动、事件。2011 年的调查发现,47%的美国成年人使用 SNS。

随着 SNS 的发展,它所涵盖的内容也在逐步扩展。从具体的 Friendster 到 Myspace,再到 Facebook、校内网,我们可以把 SNS 的发展划分为三个阶段,即单纯社交阶段、即时交互阶段和平台应用阶段。

1) 单纯社交阶段

最早的 SNS 网站与今天我们所见的相去甚远,以被称为 SNS 鼻祖的 Friendster 为代表的第一代 SNS 网站的核心功能就是交友,而且远没有现在的互动性。每个会员一个界面,展示自己的个人资料。

(1) Friendster:Friendster 是全球最大的社交网站之一,成立于 2002 年,早于 Facebook 和 MySpace 等其他知名的社交网站。Friendster 在推出之后悄然走红,一直被 SNS 业界称为全球首家社交网站,此后大批的模仿者破茧而出,在全球范围内掀起了 SNS 网站热潮。

Friendster 是首个全球化的在线交友网络,使用这种途径支持并鼓励全球感兴趣的用户进行多文化交流。用户能够通过网站每个网页右上角的链接或"Settings"链接永久或临时设置他们的语言选择。

Friendster 的产品已经有了非常明确的好友概念,用户可通过资料去寻找自己感兴趣的好友,好友与自己的个人资料展示放在非常醒目的位置。这时有点像交友网站,人人互动的概念已经有了雏形。

但是 2007 年之后,在美国很快就失去了优势。2009 年 12 月 10 日,马来西亚 MOL 环球宣布收购美国社交网站鼻祖 Friendster 全部股份,著名科技博客 TechCrunch 表示,根据确切的消息来源,该收购价不到 3 000 万美元。

(2) Orkut:Orkut 是 Google 旗下的一个 SNS 产品,2004 年 1 月 22 日由 Google 工程师 Orkut Buyukkokten 创建,尽管在全球范围内 Orkut 是经营惨淡,但是在巴西却非常受欢迎,可以称之为国民级的 SNS 产品。

目前的 Orkut 基本上也具备了 Facebook 上面拥有的大部分功能,但是总体而言经营状况依然不好。Google 自身对 Orkut 的重视程度及面对强大的 Facebook 寻求差异化的空间才是问题的关键。尽管 Google 表示 Orkut 和 Facebook 采取的产品理念上的东西存在差别,但是在具体的表现上似乎还没有什么差别给用户带来实质性的吸引力。

2) 即时交互阶段

一般认为,RSS FEED 是 SNS 发展到第二阶段的标志性技术,RSS FEED 是一种促进即时交互的技术,而它的广泛应用代表了即时交互时代的到来,是真正即时交互时代的萌芽。

如果你想持续关注一个知名博客的更新,那你只需要订阅它的 RSS FEED 就可以了,能够收到主动推送过来的更新信息,不需要再次到地址栏输入它的网址。而这一阶段的代表,做得最出色的就是 MSN Space。

MSN Space 于 2004 年 12 月初在韩国最先推出,最初命名为"MSN Hompy",是 MSN Messenger 的附加服务,本来是要付费的增值服务,后来改为免费版,并加入日本做测试地点,测试期间不收取任何费用。再后来,微软把有关界面英语化,并让其他地区的用户进行测试。微软于 2004 年 12 月 1 日正式宣布有关计划,并开放让公众测试,2005 年 4 月 7 日发行正式版,并且有简体中文版和繁体中文版、日文版等不同语言的版本。正式版推出后,在收费模式上采用与 Hotmail 或 MSN Groups(MSN 社群)类似的服务模式:免费用户与付费用户同时存在,但付费用户可以享用较大的储存空间和更多的服务。

从 5.0 版本起,MSN Messenger 与 MSN Space 进行整合,MSN Messenger 的用户可以通过联系人卡片等方式了解某一联系人的 MSN Space 更新。

尽管 MSN Space 的历史比较悠久,并且拥有 MSN 这种曾经强大的即时通信工具,却并没有加以有效利用。因此 MSN Space 虽然经过了很多年的成长,Space 与 Messenger 都没有进行过比较完美的整合,因此用户也很难通过 MSN 及时地与 Space 上的好友互动。

3) 平台应用阶段

SNS 网站的发展已经越来越多元化,尤其是传统社交网站。目前,SNS 网站正向着差异化越来越不明显的方向发展,最终变成一个相似的服务应用平台。在国际范围内影响最大的是 Facebook、Twitter 等,而在国内则有腾讯、开心网、人人网等。

(1) Facebook:全球最知名的社交网站,Facebook 在创立之初也是典型的社交性网站,但是今天已经远超出单纯社交网站的功能。2007 年 5 月 24 日,Facebook 推出开放平台应用程序接口。利用这个框架,第三方软件开发者可开发与 Facebook 核心功能集成的应用程序。已有超过 5 000 个应用程序被开发出来,包括小游戏、社会化音乐发现和分享服务、数据统计等。

(2) 腾讯:腾讯公司成立于 1998 年 11 月,是中国最大的互联网综合服务提供商之一。腾讯公司成立 10 多年以来一直秉承"一切以用户价值为依归的经营理念,始终处于稳健、高速发展的状态。"把"为用户提供一站式在线生活服务作为战略目标",提供互联网增值服务、移动及电信增值服务和网络广告服务。通过即时通信 QQ、腾讯网、腾讯游戏、QQ 空间、腾讯微博、搜搜、拍拍、财付通、微信等中国领先的网络平台,腾讯打造了中国最大的网络社区,满足互联网用户沟通、资讯、娱乐和电子商务等方面的需求。

(3) 人人网:人人网是由千橡集团将旗下著名的校内网更名而来。2009 年 8 月 4 日,千橡集团将旗下著名的校内网更名为人人网,社会上所有人都可以来到这里,从而跨出了校园内部这个范围。人人网为整个中国互联网用户提供服务的 SNS 社交网站,给不同身份的人提供了一个互动交流平台,提高用户之间的交流效率,通过提供发布日志、保存相册、音乐视频等站内外资源分享等功能,搭建了一个功能丰富高效的用户交流互动平台。2013 年 8 月,人人网开心农场下线,这款偷菜小游戏曾在 2009 年红遍大江南北。

9.1 Facebook

案例网站:http://www.facebook.com

9.1.1 Facebook 简介

Facebook 是全球最大最为成功的 SNS 类网站,2004 年 2 月上线,最初为哈佛大学学生和老师提供的交流平台。Facebook 产品营销副总裁帕里哈皮亚的话能够很好地表明 Facebook 的理念:"我们是互联网领域的有线电视公司,创建了连接用户的线路,承载着同用户相关的社会信息和参与信息。我们希望这样的线路遍及互联网的每一个角落,从而帮助用户创建真正的社会化体验。"也就是说,Facebook 希望打造人与人之间的社交网络,提供一个基础的人和人之间关系的"开放图谱",并通过自身的开放平台提供各种应用,未来甚至将其他所有互联网网站和应用都纳入到这个以"开放图谱"为核心的生态圈中。

9.1.2 Facebook 的商业模式

1) 广告

Facebook 比其他的社交网站更能吸引广告机会,因为能够深入地渗透到一系列微社区(各大学校园)内。Facebook 将有大量的机会来使自己的盈利渠道多样化,深入渗透这些微社区的特点使它不仅仅局限于传统的广告条幅模式。它吸引了 90%的学生加入,一所大学可以为自己增添在线分类、事件列表、电子商务和选举领导等便利功能。Facebook 将能够非常好地被定位成一个主要的在线分类方式,基于庞大的用户群而提供给用户更实用的使用方式。Facebook 的成功说明,如果线下行为能够让用户每天都上网使用你的网站提供的服务,那就证明你的服务很棒。

2) APP 开发商

Facebook 现在就是一门心思做平台,不做应用,尽量将能开放的数据全部开放出去,不遗余力地培养 APP 开发商,为 APP 开发商创造最好的赚钱途径。Facebook 就是一个巨大的网店,而 APP 开发商就是上面免费租赁店面的商家,兜售自己的玩具,吸引用户来玩。APP 开发商可以去做网络招聘,APP 开发商可以去做机票预定,APP 开发商可以去做电子商务,现在 Facebook 上面已经有几万个 APP 了,其中真正赚钱的 APP 还不是特别丰富。等到 Facebook 平台上面有 100 万个赚钱的 APP 商家的时候,Facebook 再面向 APP 商家推出增值服务,可以想象一下,到时候 Facebook 赚钱是多么容易的事情。

3) Facebook 调查问卷

组织或党派或任何人想得到人们关于某问题看法的数据,可以很快发布一个只有一个问题的调查,按回应的人数收费。

4) 虚拟礼品

Facebook 用户可以直接付钱购买虚拟礼品(这方面每年有 3 000 万美元收入)。应用程序开发者能够直接或者间接地从他们在 Facebook 上的用户那里赚钱。

9.1.3 Facebook 的广告服务

美国互联网流量监测机构 ComScore 的数据显示,2011 年第一季度,Facebook 的显示广告展示量首次超越雅虎,成为全美第一大显示广告发布商。市场份额由 2010 年第四季度的 11%增长至 16%;同期内雅虎市场份额由 13%下降至 12%;微软市场份额为

5.5%。Facebook 的广告客户数量自 2009 年年初以来增长了逾 3 倍。在横幅广告(Banner)上,Facebook 每月刊登高达 500 亿次,光是横幅广告(Banner)收入,2011 年就有 10 亿美元收入。

Facebook 广告大致可以分为两类,横幅广告和社区广告。两者最大的区别在于用户的地位不同,前一种横幅广告更像是传统广告在互联网领域的延伸,广告主刊登文字、发表图片,将信息展示给用户看,用户仅仅单向接收信息。而社区广告与其说是广告,倒不如说是社区营销,广告展示仅是一个吸引用户注意的手段,重点是引起用户在社区内部与广告主的品牌产生互动,用户不再单向接收信息,而是参与其中。社区广告的最终的目的是构建一个能够给用户提供价值的良性社区,使社区内用户对品牌产生认同感。

1) 对 Facebook 社区横幅广告的分析

Facebook 的横幅广告最吸引人之处是 Facebook 有着庞大而详细的用户资料库,广告主能够将广告推送到最合适的目标人群中。广告主在历史上头一次有机会"看到"广告阅听大众是谁。一张张真实的照片,一个个真实的人,这可不是"男性,20 到 30 岁,白领"这种很模糊的统计描述,而是面貌清楚的一群人。从 Facebook 的广告定制页面可以看出,广告主在刊登广告的时候可以选择目标对象的居住地区、年龄、性别、学历、工作地点、情感状态、语言,甚至可以输入关键词等。

最近 Facebook 推出的"Like"按钮可以视为这个策略的继续——更全面地收集用户信息,不仅仅是用户的个人基本人口资料,还有用户的好友关系和个人兴趣。谷歌的个性化广告将广告与用户的搜索结果或者正在浏览的网页内容相匹配。而 Facebook 则能够凭借用户好友关系和兴趣完成个性化。有分析称,借助其他网站中的"Like"按钮所搜集的大量数据,Facebook 将有能力推出一款足以与谷歌 AdSense 抗衡的广告网络。

2) 对 Facebook 社区广告的分析

社区广告或者说社区营销的优点在于利用营销中效果最好的"口口相传"的方式来获取目标用户的认识和信任。一直以来的营销认知中,都认为口碑营销(WOM)效果是最好的。一个成功的社区营销可以让用户主动进行推广和传播,从而实现超常推广效果的目标,并且进行推广的技术门槛非常低。不过,另外一方面社区营销的不足之处就在于效果较难控制和预估,没有一套科学的评估体系,不可能像谷歌的搜索关键字展示广告一样提供强悍的后续数据追踪和分析能力。可以说社区广告仍然在发展中,还没有达到成熟期。

Facebook 遭遇的"隐私门",可以说在一定程度上动摇了社区广告的根基——社区的存在。Facebook 是以"真实"起家的,用户在注册 Facebook 账户后,会自发在线上寻找自己的线下好友,正是由于这种线下的真实的社会关系,才使 Facebook 的线上社区有着信任感。而现在的"隐私门"则让用户产生了一种不安全感——怀疑自己的私人空间受到了侵犯,这无疑对 Facebook 社区的信任感产生了巨大威胁。随着 Facebook 的用户数目的扩大,一方面为用户提供了更大的社交空间;另一方面同样使得用户的私人空间受到侵袭:"在 Facebook 上完全没有私人空间可言。进入 Facebook 等于同意接收一大堆垃圾邮件,好友越多收到的垃圾邮件越多。这里充斥着令人心烦的噪音,每个人都是废话连篇,而你不得不接收这些噪音。"所以说,Facebook 面临的一个重任是提供一层防护,过滤内容,屏蔽骚扰,使用户能够看到纯粹、简单、想看的内容,为用户提供有"安全感"的私人空间,只有这样才能够维持 Facebook 的真实感,保证社区的继续存在。

9.1.4 Facebook 的成功要素

1) 出色的版面设计

聚友网(Myspace)让用户可以自由选择个人简介的版式,而 Facebook 认为应该让每个用户都有相同的使用体验,并据此做出了相应的设计。Facebook 版面的设计清新、简洁且便于浏览。目前,网站的活跃用户已经超过 8 亿。

2) 收购并聘用原有员工

Facebook 进行收购时,不仅仅关注被收购公司的技术和专利,同样看重被收购公司的工作人员,让那些具备特殊技能和具有工作热情的员工保留职位继续为公司工作。这种收购+聘用原有员工的战略使 Facebook 从被收购公司获得更大价值。

3) 受益于用户数据

如今,美国网上消费者所浏览的 28% 广告来自于 Facebook。为什么 Facebook 占有如此大的份额? 早在创立初期,Facebook 就充分利用了其数据库的个人信息,并要求广告投放者的广告设计和投放要针对特定目标客户群。

4) 引入高资信投资人

Facebook 已经向具有高资信的投资人发行了超过 20 亿的股份。贝宝(Paypal)创始人皮特·泰尔和人际关系网(LinkedIn)创始人里德·霍夫曼很早之前就成为了 Facebook 的天使投资人和首轮融资投资人。随后,Facebook 通过 8 轮融资共募集了 23.4 亿美元,为该公司百亿美元首次公开募股奠定了基础。

5) 放宽会员资格

最初,Facebook 的会员仅限哈佛大学的学生。自 2006 年起,网站开始对拥有电子信箱的所有网民开放,最大限度地进行扩张,吸纳了所有可能成为会员的人。无论是青少年还是老年人都成为了 Facebook 的用户。

6) 采用真实姓名注册

与其他网站(例如 Friendster、留言板和论坛)不同,Facebook 不允许使用虚拟名或昵称匿名进行注册,自创立初期就要求用户使用真实姓名注册。真实姓名与现实世界联系更加紧密。

7) 推出开放社交图谱

当"Like"键出现时,Facebook 的开放图谱技术能够使每位用户随时自动识别、标示出他们喜欢的内容。目前,在互联网中随处可见这项技术的应用。

8) 鼓励第三方应用程序开发

Facebook 已拥有超过百万的应用程序开发商注册在案。多家投资公司也发起了数百万美元规模的基金,以便支持这些专门为 Facebook 进行程序应用开发的公司。

9) 培养用户信任度

事实上 Facebook 的隐私保护做得非常好。网站让用户自己控制个人信息对广告商和其他用户的开放范围和程度。值得称道的是,Facebook 在保护个人隐私、解决网站问题和第三方应用软件开发方面都做得十分到位。

10) 品牌化页面策略

Facebook 允许各个企业、品牌和组织在网站上创建自己的页面,这项功能开启了市场营销的新纪元。传统的"5P"营销模式,即 Participation(参与)、Product(产品)、Price(价格)、Place(场地)、Promotion(促销),也因此从自上而下式营销模式转变为了病毒式营销模式。

【案例点评】

随着电子商务的变革和移动互联网的迅速发展,Facebook 正在进行新的商业模式和应用领域的尝试。在互联网环境下,Facebook 构建的第三方开发者云集的开放式网络开发平台使得各种第三方应用软件层出不穷,进而吸引了更多用户进驻 Facebook。它将目标受众细分,进而渗透到一系列微社区中,充分发挥了分众营销的理念:在最恰当的地点,用最精确和最经济的方式把产品卖给最需要的消费者。Facebook 利用网络把互相关心的人们及其兴趣联系起来,平台上的任何应用都能够辨别一个用户的朋友及兴趣以便提供最佳体验。Facebook 的开放平台造就了自己的发展,向所有人证明了开放会聚合更多用户而不是使用户流失,从而实现共赢。

【思考题】

(1) Facebook 成功的要素带给你哪些启示?

(2) 讨论 Facebook 与国内主流社交平台的异同。

9.2 新浪微博

> 案例网站：http://weibo.com/

9.2.1 新浪微博简介

新浪微博是一款为大众提供娱乐休闲生活服务的信息分享和交流平台。新浪微博是一个由新浪网推出，提供微型博客服务的社交网站。用户可以通过网页、WAP页面、手机客户端、手机短信、彩信发布消息或上传图片。可以把微博理解为"微型博客"或者"一句话博客"。用户可以将看到的、听到的、想到的事情写成一句话，或发一张图片，通过电脑或者手机随时随地分享给朋友，一起分享、讨论；还可以关注朋友，即时看到朋友们发布的信息。

9.2.2 新浪微博的商业模式

1) 战略目标

新浪微博的战略目标是发展成为一个适合中国用户的SNS应用平台，其定位是一款为大众提供娱乐休闲生活服务的信息分享和交流平台。主要功能可以分为：涵盖最全面的娱乐明星与资讯生活；反映网民现实生活的点点滴滴快乐；分享发现人们身边的趣闻轶事。

2) 目标客户

新浪微博用户主要是个人用户和机构及组织。个人用户包括普通用户（即草根用户，主要以青年和中年为主）和名人（明星、企业领导人、媒体、学者等），机构及组织主要有公司、慈善机构、政府部门及相关机构等，注册微博主要是为了进行营销、树立品牌、举行社会活动等。

新浪微博用户注册后，可以拥有自己的一个独立新浪微博账号，利用此账号，用户可以免费发布和浏览信息。

3) 产品与服务

（1）微博衍生产品：微访谈、微直播、微话题、大屏幕、同城微博、微群等。

（2）应用服务：微电台、音乐播放、投票、活动、微数据、微盘等。

（3）手机微博：拥有新浪微博账号的用户，只要下载新浪微博的手机客户端就可以利用3G网络登录新浪微博，享有新浪微博的手机服务。

4) 盈利模式

新浪CEO曹国伟先前为微博设定的6种盈利模式为：交互广告，社交游戏，电子商务,实时搜索,无线增值,数据服务。而现今微博的主要盈利一是广告收入;二是针对用户的各种增值服务。作为一个信息分享和交流的平台,新浪微博正着力开发应用平台这一块,应用分成在未来会成为新浪微博盈利的主要来源之一。

5) 核心能力

新浪微博的核心能力包括:庞大的用户群,高强度的用户黏度;囊括多数名人,强大的名人效应;事件策划能力;强大的背景。

9.2.3 新浪微博的技术模式

新浪微博的技术模式包括:能够实现微博发布和转发等功能的网站;海量信息的精确搜索;基于手机微博应用的客户端开发。

9.2.4 新浪微博的管理模式

1) 用户管理

新浪微博根据用户自添加的标签为用户分类,这样,用户可以根据分类,去寻找自己需要关注的领域的人,而新浪微博也能更好地管理用户和粉丝分类。

2) 内容管理

新浪微博采用给信息索引的方法,将用户分为有效用户和无效用户转发,大大地降低了推送的信息量,提高了信息推送的效率,减少了成本。

9.2.5 新浪微博的产品特点

(1) 门槛低:每条不能超过140个字符,仅两条中文短信的长度,可以三言两语,现场记录,也可以发发感慨,晒晒心情。

(2) 随时随地:用户可以通过互联网、客户端、手机短信彩信、WAP等多种手段,随时随地地发布信息和接收信息。

(3) 快速传播:用户发布一条信息,他的所有粉丝能同步看到,还可以一键转发给自己的粉丝,实现裂变传播。

(4) 实时搜索:用户可以通过搜索找到其他微博用户在几秒前发布的信息,比传统搜索引擎的搜索结果更有时效性,更鲜活。

(5) 分享到新浪微博:"分享到新浪微博"的按钮被添加到了百度百科词条的下面,用户可以直接分享词条到新浪微博。

(6) 用户排行:截止到2012年8月11日,名人影响力排行top10名成员数据均是来自新浪微博官方注册页,排行数据真实有效,可以阅读参考资料。

9.2.6 新浪微博的发展趋势

新浪微博成功的要素在于：名人效应；事件运作；简单操作性。

1) 发展情况

2011年有不少人疑惑，微博会有持久的繁荣吗？微博会不会如开心网和人人网等国内SNS在Twitter和Facebook未达鼎盛之时而提早衰退呢？只有本质性地满足用户的需求，才能持久地繁荣。如果如新浪曹国伟所言，新浪微博是走在Twitter和Facebook中间的产品，这项产品会比SNS本身更好地适应中国的用户，又或者如腾讯马化腾所言"中国的SNS就是微博"，所以可以相信微博在未来的发展中还有很长的一段路要走。

2) 微博之路

微博未来的发展趋向会有两个出路，一是类Twitter的新闻媒体；二是中国版的SNS，作为超越社交网站的载体而存在。但如果是后者，微博可能要做好几件事情：一是内容的丰富；二是客户端的发展，就现在而言，微博相对国内SNS的客户端是领先的，保持易用和舒适的用户体验也是必不可少的；三是用户获取信息方式的升级。

现在的微博受到国内互联网巨头的青睐，四家门户都争抢去做，越是集中性地看好，也就越容易产生泡沫。而微博最终的形态关系到垂直产业的生态发展，如果是媒体，就做好媒体要做的事情；如果是平台，就做好平台要做的事情。微博的未来令人期待，也需要谨慎。

【案例点评】

微博的社会化媒体属性、自媒体特征以及多级裂变式信息传播模式等本质特点，决定了微博在商业领域可发挥较大的作用。微博的商业价值主要体现在信息传播、数据资产和用户体验上，旨在解决微博用户潜在的和现实的商业需要。微博还是一个聚合了用户兴趣爱好的社交关系数据的综合展示页面，像话题、图书、音乐、餐饮美食等内容都能在微博上生成专属的微博页面。同时，新浪微博的未来发展亟待创新，迫切需要寻找新的增长点，沉淀忠诚用户，增补商业、社会文化和媒体价值。

【思考题】

（1）根据个人生活经历，说说微博是如何渗透进人们的生活当中的。

（2）你认为微博还可以有哪些内容和产品？

10　云计算

云计算(Cloud Computing)是基于互联网的相关服务的增加、使用和交付模式,通常涉及通过互联网来提供动态易扩展且经常是虚拟化的资源。云是网络、互联网的一种比喻说法。过去在图中往往用云来表示电信网,后来也用云来表示互联网和底层基础设施的抽象。云计算可以让你体验每秒10万亿次的运算能力,拥有这么强大的计算能力可以模拟核爆炸、预测气候变化和市场发展趋势。用户可以通过电脑、手机等方式接入数据中心,按自己的需求进行运算。

云计算有以下特点:

1) 超大规模

"云"具有相当的规模,Google 云计算已经拥有100多万台服务器,Amazon、IBM、微软、Yahoo 等的"云"均拥有几十万台服务器。企业私有云一般拥有数百上千台服务器。"云"能赋予用户前所未有的计算能力。

2) 虚拟化

云计算支持用户在任意位置、使用各种终端获取应用服务。所请求的资源来自"云",而不是固定的有形的实体。应用在"云"中某处运行,但实际上用户无需了解,也不用担心应用运行的具体位置。只需要一台笔记本电脑或者一部手机,就可以通过网络服务来实现我们需要的一切,甚至包括超级计算这样的任务。

3) 高可靠性

"云"使用了数据多副本容错、计算结点同构可互换等措施来保障服务的高可靠性,使用云计算比使用本地计算机可靠。

4) 通用性

云计算不针对特定的应用,在"云"的支撑下可以构造出千变万化的应用,同一个"云"可以同时支撑不同的应用运行。

5) 高可扩展性

"云"的规模可以动态伸缩,满足应用和用户规模增长的需要。

6) 按需服务

"云"是一个庞大的资源池，用户按需购买；云可以像自来水、电、煤气那样计费。

7) 极其廉价

由于"云"的特殊容错措施可以采用极其廉价的结点来构成云，"云"的自动化集中式管理使大量企业无需负担日益高昂的数据中心管理成本，"云"的通用性使资源的利用率较之传统系统大幅提升，因此，用户可以充分享受"云"的低成本优势，经常只要花费几百美元、几天时间就能完成以前需要数万美元、数月时间才能完成的任务。

云计算可以彻底改变人们未来的生活，但同时也要重视环境问题，这样才能真正为人类进步做贡献，而不是简单的技术提升。

8) 潜在的危险性

云计算服务除了提供计算服务外，还必然提供了存储服务。但是云计算服务当前垄断在私人机构（企业）手中，而它们仅仅能够提供商业应用。对于政府机构、商业机构（特别像银行这样持有敏感数据的商业机构）对于选择云计算服务应保持足够的警惕。一旦商业用户大规模使用私人机构提供的云计算服务，无论其技术优势有多强，都不可避免地让这些私人机构可能以"数据（信息）"的重要性挟制整个社会。对于信息社会而言，"信息"是至关重要的。另一方面，云计算中的数据对于数据所有者以外的其他云计算用户是保密的，但是对于提供云计算的商业机构而言却毫无秘密可言。所有这些潜在的危险，是商业机构和政府机构选择云计算服务，特别是国外机构提供的云计算服务时，不得不考虑的一个重要的前提。

10.1 亚马逊的云计算

案例网站：https://www.amazon.cn/

10.1.1 亚马逊简介

亚马逊公司（Amazon，简称亚马逊）是美国最大的一家网络电子商务公司，位于华盛顿州的西雅图，是互联网上最早开始经营电子商务的公司之一。亚马逊成立于1995年，一开始只经营网络的书籍销售业务，随后扩及了范围相当广的其他产品，截至2015年，成为全球商品品种最多的网上零售商和全球第二大互联网企业。

亚马逊业务主要包括了三大方面。第一，电商平台，包括自有产品的电子商务。第三方卖家，还有对一些成员的特殊服务。第二，Kindle以及数字内容等。第三，云服务。亚马逊在亚洲、北美、欧洲有13个电子商务网站，在这些地区和国家总共有112座运营中心。

10.1.2 大数据时代到来

随着大数据时代的快速发展,随之而来的是企业和个人用户保存、管理、使用数据信息的成本快速增加,企业传统的 IT 基础架构模型面临越来越大的挑战,而云计算正是解决这个难题的最佳方案。云计算服务可以大幅降低企业和个人保存、管理、使用数据信息的成本,而且,云计算服务商在功能开发上飞速进步,云计算服务商能提供的多种服务功能已经远远超过企业私有终端。

大数据呈现的特点有以下几点:

(1) 数据量大:大数据的起始计量单位至少是 PB(1 000 个 TB)、EB(100 万个 TB)或 ZB(10 亿个 TB)。

(2) 数据类型繁多:包括网络日志、音频、视频、图片、地理位置信息等,多类型的数据对数据的处理能力提出了更高的要求。

(3) 数据价值密度相对较低:如随着物联网的广泛应用,信息感知无处不在,信息海量,但价值密度较低,如何通过强大的机器算法更迅速地完成数据的价值"提纯",是大数据时代亟待解决的难题。

(4) 处理速度快,时效性要求高:这是大数据区分于传统数据挖掘最显著的特征。

既有的技术架构和路线,已经无法高效处理如此海量的数据,而对于相关组织来说,如果投入巨大财力采集的信息无法通过及时处理反馈有效信息,那将是得不偿失的。可以说,大数据时代对人类的数据驾驭能力提出了新的挑战,也为人们获得更为深刻、全面的洞察能力提供了前所未有的空间与潜力。

10.1.3 云计算的领头羊:亚马逊

说起"亚马逊",我们最早了解它,只是一个在网上卖书的公司,业务类似于国内的当当网、卓越等。但是,随着"云计算"这个 IT 热词像热带雨林的风暴一样席卷中国市场时,已经有一个非常成功的云计算提供商叫"亚马逊"。

Amazon S3(Simple Storage Service,亚马逊简易存储服务)是亚马逊公司在其全球多个数据中心服务器提供的网络在线存储服务,如图 10-1 所示。自 2006 年 3 月这项服务被推出以来,存储对象数量的增长速度可以用疯狂来形容,到 2008 年一季度,存储对象总数已经高达两万亿,它可以帮助其他公司利用亚马逊数据中心的设备去运行网络应用。通过 AWS,这些企业将没有必要再购买自己的软硬件设备,也不必再聘请 IT 工程师来管理这些技术基础设施。

不仅创业企业钟情于亚马逊云计算,已经有越来越多其他行业的企业和机构开始接受和使用云计算服务,从美国政府部门、美国教育机构到世界 500 强,它们都在不同领域使用亚马逊云计算提高自身服务质量。

电子商务案例分析

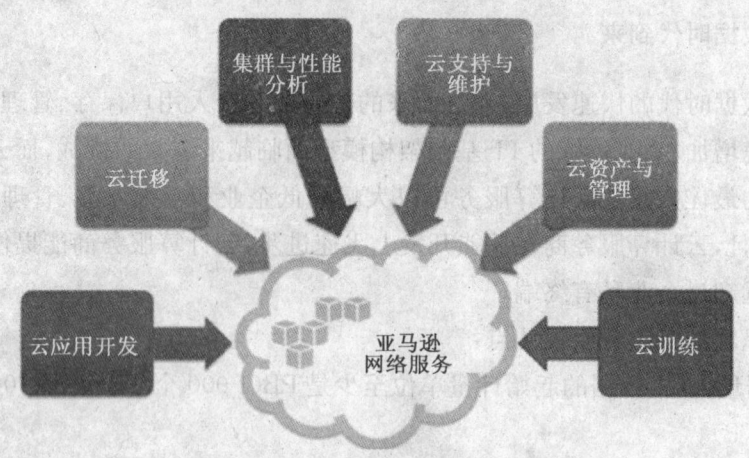

图 10-1 亚马逊云计算的网络服务

10.1.4 亚马逊云计算的优势

1）长期低利润率竞争策略

与其他大多数拥有高利润率科技企业不同，贝索斯致力于将亚马逊打造成为一家低利润率公司，无论是投入巨资建设电子商务业务所需的技术中心和物流中心，还是以成本价格销售 Kindle 电子书终端和平板电脑，贝索斯都在市场发展初期利用低利润率构筑竞争壁垒，在快速扩大自身业务规模的同时打击竞争对手，甚至不惜在某一阶段采用亏损的方式来扩大自己的领先优势。贝索斯的这一策略，在云计算业务中再一次发挥了至关重要的作用。

亚马逊高管在解释云计算业务发展战略时这样说："我们的服务降价是正循环促成的结果，随着越来越多用户使用 AWS(Amazon Web Service)，亚马逊就需要投入更多到基础设施建设上去，随之获得的就是规模化经济后的低价效应，而低价效应则会让我们吸引到更多用户。AWS 同其竞争对手的区别在于，那些面向大型企业的服务商，如 Oracle、IBM 和 HP 等，更愿意去做有高利润的生意，这一点是由他们的历史沿革决定的。而我们则走了另外一条路，尽可能地扩大规模，利润再低也没有关系"。

亚马逊不断提升价格优势的策略让它的云计算服务发展迅速。创业企业对成本和现金流情况的格外关注，使得价格更低的亚马逊云计算服务成为他们的首选。科技巨头微软和谷歌也声称他们的追赶目标是亚马逊，希望将来能在为创业企业服务上占有更多市场份额。

2）以客户需求为中心的企业发展策略

对于日新月异、发展迅速的科技行业来说，以客户需求为中心能让企业及其领导人时刻感受到客户需求的变化,这种变化会推动行业的进步与变革,当客户有新的需求,原有需求消失或者发生改变的时候,关注客户需求能让企业领导在第一时间感受到这种变化,如果以竞争对手为中心,企业领导人从长远来看会变得对行业变化迟钝,甚至忽视客户新的需求。

对于云计算这个处于发展初期,需要大量创新的行业,采用云计算服务的公司和个人,他们需要的不仅仅只是降低成本,他们还有各种复杂的、千差万别的功能需求。这些需求要求云计算服务商必须不断根据用户反馈来改进、提升、增加自身服务的功能,而亚马逊以客户需求为中心的企业导向再合适不过了。

举例来说,政府机构由于对信息的安全性有特殊要求,一直以来对云计算采取比较保守的态度,但是亚马逊针对政府机构推出了具有特殊功能和特性的"AWS GovCloud",这项服务在2011年8月推出,在短短一年内就有超过300家政府机构采用了这项服务,最引人注目的则是对信息安全度要求极高的CIA(美国中央情报局)。

3) 用大数据改变客户体验

亚马逊在美国、加拿大商品是跨境配送的,在中国实行的是全国配送。比如在哈尔滨的库房有产品存货,云南的客户在网上看到这个产品,对他来说可以在任何地方下单,就可以直接配送到客户手上。这样做可以让全国一、二、三线城市的人们享受到同样的产品和同样的客户体验。亚马逊配备了几大物流系统,像调拨线路,为了在库房之间进行调拨,采取智能调拨,还有干线运输、第三方合作运输等。

亚马逊通过物流系统可以进行动态订单的处理,以信息化智能控制更多拣货的路径,是依靠大数据、大系统的能力。这个信息系统可以达到100%的送货率,而库存的准确率可以达到99%以上。亚马逊智能化运输调拨系统实行全天候全程时时监控运输网络。说到智能运输,不得不提大数据——亚马逊是最先把大数据引入电商行业的公司,通过大数据的运用改变客户体验。

10.1.5 亚马逊的核心价值

亚马逊公司发展的核心价值中有3条是20年都没有改变过:

第一条是客户至上的理念。亚马逊要做全球最以客户为中心的公司,亚马逊所做的一切都是以客户为中心,而对其他的竞争对手的关注并不那么多。

在亚马逊,有一个非常重要的角色,拥有"一票否决权"。担任这个角色的人要求他对客户非常了解,他需要介入到公司所有的与消费者相关的项目中,审核这个项目是否能够给客户带来很好的体验。每次亚马逊开高层会议的时候,旁边总会有一把空椅子,这个席位代表亚马逊的客户,它时时提醒与会者做决定的时候要永远想到客户。

第二条是追求创新。亚马逊不仅是一家电商公司,更是一个高科技的公司,所以创新是亚马逊的一部分。亚马逊坚信创新不仅可以带来工作效率的提升,也会使工作方式转变,带来客户购物的改变,从而提升客户体验。举一个例子,亚马逊最早提出,也是专利产品的就是"一键下单",这个看起来很简单,但是它改变了人们的购物习惯,特别是进入手机购物时代,购物更加便捷。

第三条是长远规划。这一点是公司组成的一部分,10年来亚马逊在中国坚持长期投入,正是秉持这一理念,亚马逊可以继续坚持下去。截至2015年,亚马逊在全球有2.3亿活跃的客户和200万卖家伙伴。客户是销售的对象,卖家是来卖产品的。

【案例点评】

互联网的不断发展促使了云计算技术的涌现。云计算不仅彻底地改变人们的工作方式和企业的商业模式,也给电子商务的发展带来全新的机遇。作为美国最大的网络电子商务公司,亚马逊拥有全球规模最大的计算机集群。它在不断扩张云计算业务服务范围的同时,还在全球创建了各个大国的数据中心,为自己的业务提供了强大的硬件支持;亚马逊以AWS为核心,从产品研发、技术支持到支持服务网再到整个生态系统的建设,都将是未来亚马逊AWS业务拓展的核心方向,这些努力也为全球企业客户提供了基于网络的计算能力和数据管理方面的技术支持。

【思考题】

(1) 面对微软、谷歌和IBM这些强劲对手却能遥遥领先,亚马逊在云计算上有何竞争优势?

(2) 对于云计算企业来说,临界点是什么样的发展时期?

10.2 从位置到云端——Google

案例网站:www.google.com

10.2.1 Google简介

Google于1998年9月7日以私有股份公司的形式创立,设计并管理一个互联网搜索引擎。Google公司的总部称作"Googleplex",位于加利福尼亚山景城。Google在2015年度《世界品牌500强》排行榜中名列第一,业务已覆盖世界250个国家与地区,界面语言使用达到100多种,拥有国际域名100多个,Google的索引目录中已经储存有81亿个网页,被公认为是全球规模最大的搜索引擎。它主要的搜索服务有网页搜索、图片搜索、地图搜索、博客搜索、论坛搜索等,致力于互联网搜索、云计算、广告技术等领域,开发并提供大量基于互联网的产品与服务,其主要利润来自于AdWords等广告服务。

Google的使命是整合全球信息,使人人皆可访问并从中受益。Google是第一个被公认为全球最大的搜索引擎,在全球范围内拥有无数的用户。

Google 的成功从搜索开始,经过不断努力,Google 推出了一系列新服务。通过 Gmail、工具栏、Orkut 等服务对用户隐私和使用习惯进行海量数据搜集,凭着不可撼动的搜索和位置服务地位,伴随着正在如火如荼地开展的云计算,Google 已经为将来做好了充分准备。

10.2.2 Google 搜索

搜索引擎根据用户的查询请求,按照一定的算法从索引数据库中查找相应的信息并返回给用户。为了保证用户查找信息的精度和新鲜度,搜索引擎需要建立并维护一个庞大的索引数据库。Google 搜索引擎的组成部件主要包括 Crawler、索引库、搜索引擎软件等,如图 10-2 所示。

Crawler 即"网络蜘蛛",又称用来定期收集信息。

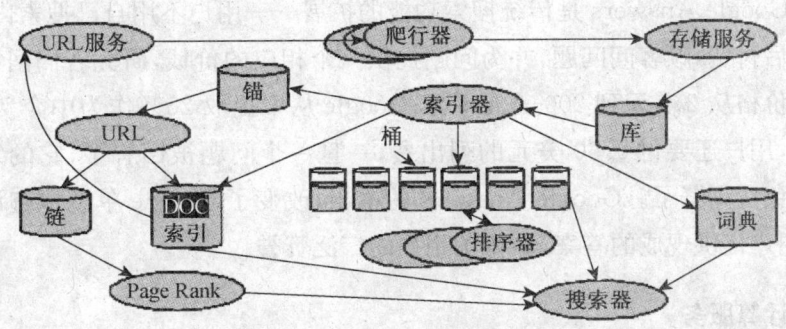

图 10-2 Google 的搜索体系结构

Google 可同时运行多个 Crawler 当服务器把 URL 列表提供给 Crawler 后,每个 Crawler 可同时保持大约 300 个网络连接,高峰时,通过 Crawler Google 可每秒钟获取大约 100 个网页。影响 Crawler 速度的一个重要因素是 DNS 查询,为此,每个 Crawler 都要维护一个自己的 DNS 缓冲。这样,每个连接都处于不同的状态,包括 DNS 查询、连接主机、发送请求、得到响应。

Google 特色搜索有以下几种:

(1) Google Scholar(学术搜索):Google Scholar 翻译成中文为 Google 学术搜索,也有不少地方翻译为 Google 学者。它是 Google 的一项新搜索功能,专门用于搜索世界范围内的技术报告、论文及摘要等学术文献。Google Scholar 不仅仅从 Google 收集的上百亿个网页中筛选出具有学术价值的内容,而且最主要的方式是通过与传统资源出版商的合作来获取足够的有学术价值的文献资源。2010 年,Google 公司与许多科学和学术出版商进行了合作如 ACM、Nature、IEEE 等。这种合作使用户能够检索特定的学术文献,通过 Google Scholar 从学术出版者、专业团体、预印本库、大学范围内以及从网络上获得学术文献,包括来自所有研究领域的同级评审论文、学位论文、图书、预印本、摘要和技术报告,内容从医学、物理学到经济学、计算机科学等。

(2) Google Print(图书搜索):2004年,Google启动了"Google Print"项目。Google Print的目标就是将那些存在于书本上的内容,让你以最容易的方式看到——也就是出现在Google搜索结果中。该项目目标是将不存在于互联网上的图书资料包含到Google的搜索页面中,打造出一座全球最大的网上图书馆。

(3) Google News(新闻或资讯搜索):2004年9月,Google公司推出了Google新闻简体中文版。通过易于使用的界面,用户可方便地浏览包括焦点、国际/港台、内地、财经、科技、体育、娱乐和社会等类别在内的分类新闻标题和图片。现在,Google News已是全球排名第14位的新闻网站,每天有超过700万人次在上面查询新闻信息,比CBS、BBC等专业新闻网站的浏览人次还要多。

(4) Google Answers(专家解答):2002年4月,Google启动名为"Google Answers"的新服务。Google Answers是传统搜索功能的扩展——用户不用自己搜索内容,他们请专家搜索然后付费,顾客问问题,并为问题提供一个相应的价钱,研究者们回答用户的问题。问题的价格从2美元到200美元不等;Google从中提取25%作为中介费,剩下的归研究者所有,用户还要付0.50美元的列出费,一旦一个问题被回答了,它的答案对所有人就都可以免费浏览了。Google Answers的推出,改变了Google单纯地查询信息的形象,可以向用户提供现成的答案,赢得了用户的广泛赞誉。

10.2.3 云计算服务

为了解决云中服务器群之间的通信和协作,Google提出了被后人称为云计算三大法宝的GFS、BigTable和MapReduce技术。正是这些技术使得Google可以让几十万台甚至上百万台计算机一起形成"云",组成强大的数据中心。

Google内部云计算基础平台由MapReduce、GFS、BigTable组成。分布式计算编程模型MapReduce是Google提出的一个软件架构,是一种用Java、Python、C++处理海量数据的并行编程模式,用于大规模数据集(通常大于1TB)的并行运算。运用MapReduce这种大规模数据并行处理的编程规范,即使编程人员不会分布式并行编程,也同样可以将自己的程序运行在分布式系统上,如图10-3所示。

Google是互联网时代的霸主,它依靠的是强大的服务器搜索技术和服务能力。近些年来,谷歌推出了许多新的应用(Google apps),从文档(Google docs)、图片(Google picasa)、邮件(Gmail)到日程(Google calendar)、地图(Google map Google earth)、翻译(Google translate)等,这一切应用都是基于服务器的,其应用面几乎涵盖桌面电脑的日常应用的方方面面,其称霸雄心可见一斑。

Google App Engine是PaaS的代表产品。以Google App Engine为例,它是一个由python应用服务器群、BigTable数据库及GFS组成的平台,为开发者提供一体化主机服

图 10-3 云计算产业链

务器及可自动升级的在线应用服务。用户编写应用程序并在 Google 的基础架构上运行就可以为互联网用户提供服务,Google 提供应用运行及维护所需要的平台资源。

人工智能已经成为 Google 云计算战略的核心。Google 允许用户使用其两款内部人工智能软件:一款可以提取文本内容的含义;另一款则可以将语音内容转化成文本。这两个程序都使用了所谓的机器学习技术,借助这项技术,电脑便可通过之前获取的数据进行合理推断。例如,客户可以使用这些程序分析用户评论或社交网络内容,并自动将客服电话转录成文本,从而展开大规模分析。谷歌的程序还可以翻译文本内容以及易于理解的图片,包括标记色情图片以及通过面部表情识别情绪。分析师预计,人工智能程序将在亚马逊、微软、Google 和其他公司提供的云计算服务中扮演越来越重要的角色。

Google 是云计算的应用导向,因为 Google 搜索引擎的需要,才自行设计开发了其独特的大规模分布式计算平台,其强项是对海量数据的分析挖掘。强大的云计算平台和分析算法造就了 Google 在搜索领域的霸主地位。

【案例点评】

传统的 IT 投资和运营模式是软件、硬件、服务器、存储、网络等分别投资和运营,在企业发展的不同阶段建立新的系统,导致许多 IT 资源重复投资、IT 成本不断增加;许多业务的应用不能有效互通,造成数据孤岛、资源浪费,不能及时高效地为用户提供信息,无法为市场开发与运营管理提供科学的决策依据。相比之下,云计算模式实现了企业内部集约化及网络化管理格局,提高了运作效率,降低了运营成本,尤其是在 IT 投资与运维人员成本方面能够产生显著的效果；此外，它使企业的 IT 架构更灵活，能够及时解决运营峰值的压力和快速适应市场环境的变化。

【思考题】

(1) 你认为 Google 什么服务最有价值？为什么？

(2) 你经常使用 Google 哪些服务？感觉如何？

11 大数据

大数据(Big Data)或称巨量资料,指的是所涉及的资料量规模巨大到无法通过市场主流软件工具,在合理时间内达到撷取、管理、处理,并整理成为帮助企业经营决策更积极目的的资讯。大数据可以归结为以下4个"V":

(1) Volume(体量):数据的规模庞大、增长速度快,从TB(1 000GB)级别,跃升到PB(1 000TB)甚至EB(1 000PB)、ZB(1 000EB)级别。

(2) Variety(多样):数据的类型繁多、构成复杂,除了传统的结构化数据外,还包括了文字、语音、视频、文档、图片等多种非结构化数据。

(3) Value(价值):数据的价值潜力巨大,但隐藏较深,需要用综合多种复杂的分析算法对数据进行"提纯"。

(4) Velocity(速度):数据的处理速度快、时效性强,要进行实时或准实时的处理,并实时反馈处理结果。

大数据可分成大数据技术、大数据工程、大数据科学和大数据应用等领域。现在人们谈论最多的是大数据技术和大数据应用,工程和科学问题尚未被重视。大数据工程指大数据的规划建设、运营管理的系统工程;大数据科学关注大数据网络发展和运营过程中发现和验证大数据的规律及其与自然和社会活动之间的关系。

物联网、云计算、移动互联网、车联网、手机、平板电脑、PC以及遍布地球各个角落的各种各样的传感器,无一不是数据来源或者承载的方式。

11.1 交通银行

案例网站:http://www.bankcomm.com/

11.1.1 交通银行简介

交通银行股份有限公司(简称交通银行)始建于1908年,是中国近代以来延续历史最悠久最古老的银行,也是近代中国的发钞行之一。现为中国五大银行之一。交通银行是中国境内主要综合金融服务提供商之一,并正在成为一家以商业银行为主体,跨市场、国际化的大型银行集团,业务范围涵盖商业银行,投资银行,证券,信托,金融租赁,基金管理,保险,离岸金融服务等诸多领域。它1987年重新组建成全国第一家股份制商业银行,分别于2005年、2007年先后在香港,上海上市,是第一家在境外上市的国有控股大型商业银行。中华人民共和国财政部、香港上海汇丰银行有限公司、社保基金理事会是交通银行前三大股东,共持有交通银行57.44%的股份。交通银行旗下全资子公司包括交银国信、交银保险和交银金融租赁,控股子公司包括交银村镇银行。

11.1.2 建设背景

在"大数据时代",银行所面临的竞争不仅仅来自于同行业内部,外部的挑战也日益严峻。互联网、电子商务等新兴企业在产品创新能力、市场敏感度和"大数据"处理经验等方面都拥有明显的优势,一旦涉足金融领域,将对银行形成较大的威胁。互联网公司阿里巴巴已开始在利用大数据技术提供金融服务,通过其掌握的电商平台阿里巴巴、淘宝网和支付宝等的各种信息数据,借助大数据分析技术自动判定是否给予企业贷款,全程几乎不用出现人工干预。这种基于"大数据"分析能力的竞争优势已明确显示了这种威胁的现实性和急迫性。

数据将是未来银行的核心竞争力之一,这已成为银行业界的共识。应该说,银行对于传统的结构化数据的挖掘和分析是处于领先水平的,但一方面银行传统的数据库信息量并不丰富和完整。如客户信息,银行拥有客户的基本身份信息,但客户其他的信息,如性格特征、兴趣爱好、生活习惯、行业领域、家庭状况等却是银行难以准确掌握的;另一方面对于多种异构数据的分析是难以处理的,如银行有客户的资金往来的信息、网页浏览的行为信息、服务通话的语音信息、营业厅、ATM的录像信息,但除了结构化数据外,其他数据无法进行分析,更谈不上对多种信息进行综合分析,无法打破"信息孤岛"的格局。也就是说,在"大数据时代",银行的数据挖掘和分析能力严重不足。

商业银行使用大数据的原因有以下几个方面:

(1) IT的运营:商业银行IT系统规模非常庞大,大规模的IT系统运营必须实现端到端的运维流程服务,而使用云计算可以大大降低成本。

(2) 商务智能的大数据,还有面向客户的营销:传统的运营是按产品进行推送。但是未来的营销是个性化的营销,必须是对客户需求进行分析挖掘。

(3) 产品的创新:一方面是产品IT基础的开发,快速的上线,快速的变化。另外一个就是创新,云计算和大数据可能不仅仅是技术,它还是一种商务的模式。

因此,对于银行来讲,要拥有强大的"大数据"处理能力,才能使数据真正成为核心竞争力。

11.1.3 构建大数据途径

构建银行强大的"大数据"处理能力应该是两条腿走路。

1)"走出去"

走出去即与互联网社区、电子商务等企业进行深入的合作,获取更多的用户行为信息,从而开展"大数据"分析。这方面,很多商业银行已经开始了有益的尝试和探索。如中信银行、宁波银行等已经开始了银行网上社区的建设,为中小企业、个人用户提供开放的服务平台;光大银行与新浪微博合作进行舆情监控和开发缴费应用;而交通银行的电子商城已向普通用户开放注册账户,并为其提供一系列相应的服务。

2)"请进来"

请出来即与各类数据分析的专业厂商合作,对银行已经存在的"大数据"进行综合处理与分析。银行与专业厂商在数据分析领域的合作有着悠久的历史,在传统结构化数据分析方面有着众多的成功案例,但由于"大数据"的分析处理仍处于初创的时期,各家银行和专业厂商都在进行探索。在这方面,交通银行信用卡中心应用智能语音云对银行的语音数据进行分析处理是一个较为成功的案例,为同业提供了很多有益的经验和启示,如图 11-1 所示。

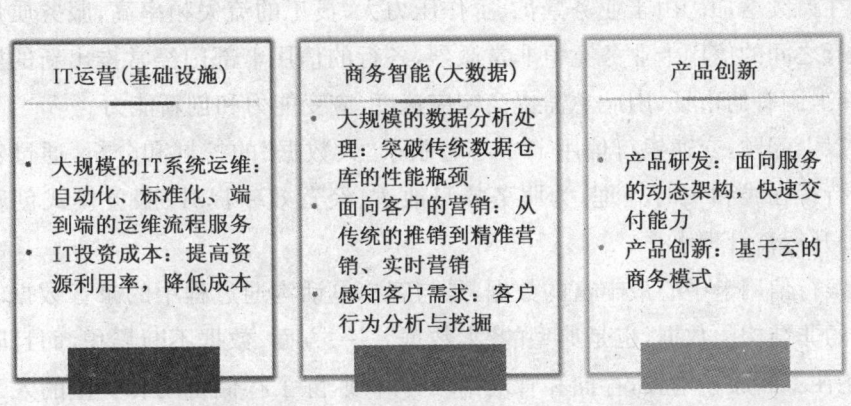

图 11-1 云计算在商业银行的应用

11.1.4 打造一流商业银行信息科技体系

交通银行通过加大科技投入,强化科技作用,对业务模式、营销模式和管理模式进行了深层次的改革和整合,积极打造基于数据资源、客户信息、管理信息、业务流程、授权管理全行集中的现代商业银行 IT 平台。

数据大集中工程建成后,交通银行的业务管理、风险管理和成本管理迈上了新的台阶,海内外近 100 家分支机构、2 600 多个网点能够跨越地域限制,在数据流、业务流和管理信息流上实现高度统一,全行的信息资源、业务资源、客户资源、管理资源得到最优配置和最大利用,经营管理水平得到了进一步的提升。

数据大集中系统的运行,将为交通银行管理层的科学决策提供准确的依据;在统一处理平台下,实现业务一体化操作;通过优化核算流程、资金汇划流程、业务操作流程、日终处理流程和报表生成流程,实现多重管理目标。同时,系统的可扩展性,又为业务创新、交叉销售、差别化服务创造了有利条件。

随着数据大集中系统上线后的管理流程再造,交通银行自上而下的主动风险防范和控制体系得以建立,风险控制和管理能力将迈上新台阶。数据大集中工程的完成,交行实现了在全行范围内对账户的统一管理,建立了事前设权、事中授权复合、事后集中异地监督的处理模式;设置了由总行到分行、分行到网点、网点到柜员的层层分解、层层监控的分级授权体制;增加了总行远程监控,使总行对任何企业、任何个人贷款审批状况,以及分支机构不良贷款的迁徙情况能进行实时监控。

11.1.5 应用:智能语音云

交通银行信用卡中心的大量服务基于电话完成,客服、电话销售、信用审核、催收等部门包括自有和外包的电话服务人员总计达数千人,而且随着银行业务的不断扩展,人员规模还在持续增加。由于业务繁忙、工作压力大,员工的流失频率高,服务质量控制难度大。银行之间的信用卡业务竞争非常激烈,各行的信用卡部门经常推出新的服务或活动,不断冲击固有的市场,因此急需提高响应速度、应变能力和创新能力。

面对以上问题,交通银行信用卡中心着眼于"大数据"的挖掘和分析,通过对海量语音数据的持续在线和实时处理,为服务质量改善、经营效率提升、服务模式创新提供支撑,全面提升运营管理水平。

交通银行信用卡中心最丰富的数据,是与客户电话沟通过程中的录音数据。录音数据是典型的非结构化数据,也是典型的"大数据"。一方面,数据不断累积,而且随着业务的繁忙,还在不断加速增长,存储和管理都较为麻烦,除了存储备用和少量的人工的质检调听外,几乎没有其他用途,海量数据大都成为了"沉没数据";另一方面,大家都知道这些语音数据里蕴含了丰富的客户信息,如客户身份信息、客户偏好信息、服务质量信息、市场动态信息、竞争对手信息等,但由于技术的限制,一直没有有效的分析处理手段,数据的价值无法体现,具有丰富价值的数据却成为了"死数据"。

交通银行信用卡中心的破局之道,是采用智能语音云(Smart Voice Cloud)产品对海量语音数据进行分析处理。智能语音云是新型数据服务平台,它采用了大规模异构数据的高效存管和流式数据处理机制,实现了海量语音数据的归集、处理、存储、调用和分析。

交通银行信用卡中心的智能语音云于2011年9月开始使用,2012年2月11日一期产品正式上线投产。数据处理时效采用T+1的准实时方式,每天平均数据处理量约

5 000小时、20 GB,高峰日超过100 GB,历史语音检索调听花费的时间从3~5个工作日缩短为5分钟,检索反馈时效低于100毫秒,调听反馈时效低于1秒,系统整体可用性达到了97.9%,达到了预期的指标,取得了令人满意的效果。后续拟基于当前平台陆续增加自动质检和业务分析应用,预计实施完成后,质检覆盖率可提高到70%以上,违规行为检出率可提高到15%以上。

(1) 录音的高效检索:采用语音识别技术对海量语音内容进行分析识别,较准确地还原出每段录音的具体内容,通过输入语音内容中的关键词即可快速找到所需要的语音,大幅度提高了语音的使用效率,极大地方便了客户录音的检索和调用,为服务质量管理和风险控制提供了更高效的支撑。

(2) 准实时自动质检:采用语义分析和情绪分析技术,通过预先定义的质检规则,对每段录音的内容进行自动检查,筛选出服务质量较差的录音,供质检人员进行人工检查和复核,改变了以往由质检人员随即抽查的质检方式,一方面大大提高了的质检部门的工作质量和工作效率;另一方面提升了服务质量的控制水平,服务改进的周期明显缩短。

(3) 多维度业务分析:基于语音识别和语义分析的结果,综合多种类型数据分析算法,对海量语音的内容进行了多维度、多角度、全方位的深入分析,并以图形化方式直观地呈现出来。应用的话务量结构分析、话务异常原因分析、客户流失原因分析、业务热点趋势分析等,已经对提高对市场的反应能力、促进经营效率的改善起到了较为明显的作用。

(4) 声纹识别与语音导航:采用了基于声纹分析的对话识别技术,利用人类声纹的独特性,快速、准确地分辨出通话人的身份,提供了安全、便捷的客户身份验证方式和渠道,一方面为服务流程的改善提供了新的方法;另一方面为服务模式的创新提供了新的思路。

交通银行采用的智能语音云是平台架构,各项服务既能单独成为独立的向客户提供专项服务,也可以根据客户的需要将多种服务灵活组合。由于采用了基于业务需求的持续迭代开发方式,智能语音云将采取分期实施方式,根据业务需要逐步增加应用内容,从而减少了产品生产与项目实施的风险。这也是交通银行信用卡中心选择智能语音云的重要原因。

通过对智能语音云的应用,交通银行信用卡中心的海量语音数据得到了深入的挖掘和应用,对提高工作效率、改善服务质量起到了明显的作用,为创新服务模式提供了很多新的方法和途径,对经营效率和运营管理水平的提高起到了良好的推动作用。

【案例点评】

"互联网+"时代,"数据为王"被视为电商、P2P或是社交平台的专利。事实上,传统银行作为各类支付渠道的终端,同样是大数据的"缔造者"。交通银行信用卡重磅推出

"买单联盟",正是借助数据资源优势从而提升客户黏性和忠诚度。有别于简单的数据搜集,"买单联盟"着力挖掘大数据的深层关联,深耕细作地对其归纳分析并加以利用,最终以消费指数、用户画像等方式将数据活灵活现地展现,不仅牢牢抓住了年轻用户群体,也让持卡用户对自我的消费习惯、偏好有了明确定位。

【思考题】

(1) 结合你对大数据的了解,你觉得大数据会给银行服务带来哪些改变?

(2) 简析大数据在商业银行发展中的作用和应用前景?

11.2 大数据营销——燕格格

案例网站:http://t.kheua.com/tao/041647098.html

11.2.1 燕格格简介

燕格格是中国燕窝行业的一个特许品牌名称。燕格格始创于 2010 年,在中国大陆首创燕窝旗舰店形式。燕格格主要经营燕窝、燕窝礼盒、燕窝礼品。燕窝的主要来源是东南亚。所有进口的燕窝都是经过工作人员精心挑选的。燕格格自 2013 年起稳居淘宝燕窝品类销量第一,已成为线上销量第一的燕窝品牌。

天猫上线仅两个月拿下类目第一,截至 2015 年 8 月,累计销量超第二名 4 倍以上,拥有微信粉丝近 10 万,累计线上会员超过 16 万……这是燕格格在业内被津津乐道的"神数据"。

11.2.2 燕格格重定目标人群

燕格格在发展过程中也曾经面临过严峻的市场现状:上有燕窝市场容量的瓶颈,下有竞争对手的蚕食,但是,燕格格的推广效果一直不太好,怎么办?

燕格格原有目标人群是辣妈,这群消费者操心老公、操心孩子、操心长辈,但同时追求保养,对美容、养生、抗衰老有强烈需求。根据人群定位,燕格格设计了"宝宝秀"这样的活动去和辣妈沟通。但是,通过大数据分析发现,这个定位出了问题。燕格格通过大数据对最近一个月购买燕窝的女客户进行分析发现,她们在过去 6 个月中的消费是偏向于给自己买东西,很少买宝宝用品,她们更偏向购买补品、营养品;而已经有宝宝的妈妈更多的是买宝宝的东西,很少给自己买。

这里得出了两个结论:一是燕格格原有的辣妈人群定向存在偏差,应调整定位为怀孕中的妈妈。通过大数据可以分析出孕妇到底在关注什么话题,从而帮助商家去购买相关的关键词。二是燕格格要对目标人群说的话不是萌宝来袭,而是一人吃两人补、年龄冷冻剂。通过大数据分析，燕格格重新确定目标人群为孕妇，并且重定向沟通内容为让更多的孕妇了解燕窝的好处，为胎儿补充必备营养，为自己保持美丽健康。

燕格格通过目标人群重定向，保持了燕窝界的销售神话，如今燕格格为给粉丝寻找除燕窝以外的好产品，开发了格格家 APP，将世界各地的新鲜、健康食品带给用户，满足用户的高品质生活需求，打造可以信赖的全球放心食品购物平台。

11.2.3 大数据及其应用

对于"大数据"（Big Data），研究机构 Gartner 给出了这样的定义。大数据是需要新处理模式才能具有更强的决策力、洞察发现力和流程优化能力来适应海量、高增长率和多样化的信息资产。

麦肯锡全球研究所给出的定义是：大数据是一种规模大到在获取、存储、管理、分析方面大大超出了传统数据库软件工具能力范围的数据集合，具有海量的数据规模、快速的数据流转、多样的数据类型和价值密度低四大特征。

大数据技术的战略意义不在于掌握庞大的数据信息，而在于对这些含有意义的数据进行专业化处理。换言之，如果把大数据比作一种产业，那么这种产业实现盈利的关键，在于提高对数据的"加工能力"，通过"加工"实现数据的"增值"。

随着大数据的应用越来越广泛，应用的行业也越来越多，每天都可以看到大数据的一些新奇的应用，从而帮助人们从中获取到真正有用的价值。很多组织或者个人都会受到大数据分析的影响。大数据可以帮助企业理解客户、满足客户服务需求、业务流程优化等。大数据正在改善我们生活的方方面面，如教育、医疗、金融和运输配送等。

11.2.4 大数据营销

大数据营销是指通过互联网采集大量的行为数据，首先帮助广告主找出目标受众，以此对广告投放的内容、时间、形式等进行预判与调配，并最终完成广告投放的营销过程。大数据营销是基于多平台的大量数据，依托大数据技术的基础上，应用于互联网广告行业的营销方式。大数据营销的核心在于让网络广告在合适的时间，通过合适的载体，以合适的方式投给合适的人。它是以自身掌握的数据或者说信息对客户进行精准的定位，以便最好、最快地满足目标群体的需求。

大数据营销有以下几个特点：

（1）多平台化数据采集：大数据的数据来源通常是多样化的，多平台化的数据采集使对网民行为的刻画更加全面而准确。

（2）强调时效性：在网络时代，网民的消费行为和购买方式极易在短的时间内发生变化。在网民需求点最高时及时进行营销非常重要。

（3）个性化营销：在网络时代，广告主的营销理念已从"媒体导向"向"受众导向"转变。以往的营销活动须以媒体为导向,选择知名度高、浏览量大的媒体进行投放。大数据技术可以做到当不同用户关注同一媒体的相同界面时,广告内容有所不同,大数据营销实现了对网民的个性化营销。

(4) 性价比高:和传统广告"一半的广告费被浪费掉"相比,大数据营销在最大程度上让广告主的投放做到有的放矢,并可根据实时性的效果反馈,及时地对投放策略进行调整。

11.2.5 大数据营销的价值

大数据营销衍生于互联网行业,又作用于互联网行业。数据已经渗透到当今每一个行业和业务职能领域,并成为重要的生产要素。人们对海量数据的挖掘和运用,预示着新一波生产率增长和消费者剩余浪潮的到来。

1) 大数据对市场预测与决策分析提供支持

关于数据对市场预测及决策分析的支持,早就在数据分析与数据挖掘盛行的年代被提出过。沃尔玛著名的"啤酒与尿布"案例即是那时的杰作。只是由于大数据时代 Volume(规模大)及 Variety(类型多)的数据对数据分析与数据挖掘提出了新要求。更全面、速度更及时的大数据,必然对市场预测及决策分析进一步提供更好的支撑。似是而非或错误的、过时的数据对决策者是灾难。

2) 大数据实现个性化营销

在网络时代,广告主的营销理念已从"媒体导向"向"受众导向"转变。广告主完全以受众为导向进行广告营销,因为大数据技术可让他们知晓目标受众身处何方,关注着什么位置的什么屏幕。大数据技术可以做到当不同用户关注同一媒体的相同界面时,广告内容有所不同,大数据营销实现了对网民的个性化营销。如果能在产品生产之前了解潜在用户的主要特征以及他们对产品的期待,那么你的产品生产即可投其所好。

3) 大数据用于改善用户体验

要改善用户体验,关键在于真正了解用户及他们所使用的产品的状况,做最适时的提醒。美国的 UPS 快递公司早在 2000 年就利用这种基于大数据的预测性分析系统来检测全美 60 000 辆车辆的实时车况,以便及时地进行防御性修理。

由此可见,大数据可以有效发掘目标人群,乃至根据分析结果调整品牌定位、重新设计品牌战略和重新设置营销规划,最终大幅提升企业的品效合一。随着大数据的应用越来越普及,还有更多新的大数据的应用领域以及新的大数据应用技术。

【案例点评】

随着信息技术的广泛应用和消费者行为模式的转变,数据正作为一种信息在消费者和企业之间飞速传递。"大数据"不仅仅意味着数据的数量庞大,还代表着数据种类繁多、结构复杂,变化的速度也极快。大数据已经成为重要的战略资源,在新的互联网时代扮演着越来越重要的角色。基于大数据的网络营销已经成为营销的重要手段。笔者以燕格格大数据营销为例,剖析了大数据对企业营销的意义和未来发展的趋势。研究大数据将助力企业实现精准广告投放,重塑企业市场营销的竞争力,帮助企业实现获取高价值用户和个性化营销等商业价值。

【思考题】

(1) 从大数据营销的角度,分析营销的本质。

(2) 试举例说明大数据营销在生活中的应用。

12　移动电子商务

移动电子商务就是利用手机、PDA 及掌上电脑等无线终端进行的 B2B、B2C、C2C 或 O2O 的电子商务。它将互联网、移动通信技术、短距离通信技术及其他信息处理技术完美结合,使人们可以在任何时间、任何地点进行各种商贸活动,实现随时随地、线上线下的购物与交易、在线电子支付以及各种交易活动、商务活动、金融活动和相关的综合服务活动等。

移动电子商务具有以下几个特点:

1) 开放性、包容性

移动电子商务因为接入方式无线化,使人们更容易进入网络世界,从而使网络范围延伸更广阔、更开放;同时,使网络虚拟功能更带有现实性,因而更具有包容性。

2) 无处不在、随时随地

移动电子商务的最大特点是"自由"和"个性化"。传统电子商务已经使人们感受到了网络所带来的便利和快乐,但它的局限在于它必须有线接入。而移动电子商务则可以弥补传统电子商务的这种缺憾,可以让人们随时随地结账、订票或者购物,感受独特的商务体验。

3) 潜在用户规模大

从电脑和移动电话的普及程度来看,移动电话远远超过了电脑。而从消费用户群体来看,手机用户中基本包含了消费能力强的中高端用户,而传统的上网用户中以缺乏支付能力的年轻人为主。由此不难看出,以移动电话为载体的移动电子商务不论在用户规模上,还是在用户消费能力上,都优于传统的电子商务。

4) 定制化服务

由于移动电话具有比电脑机更高的可连通性与可定位性,因此移动商务的生产者可以更好地发挥主动性,为不同顾客提供定制化的服务。

5) 易于推广使用

移动通信所具有的灵活、便捷的特点,决定了移动电子商务更适合大众化的个人消费领域。

12.1 滴滴出行

案例网站：http://www.udache.com/

12.1.1 滴滴出行简介

滴滴出行(简称滴滴)是中国的一款打车平台。它被称为手机"打车神器"，是受用户喜爱的打车应用软件。滴滴已从出租车打车软件成长为涵盖出租车、专车、快车、顺风车、代驾及大巴等多项业务在内的一站式出行平台。2015年9月，滴滴打车对媒体宣布，公司名称正式变更为"滴滴出行"。2015年2月，滴滴打车与快的打车进行战略合并。2016年8月1日下午，滴滴出行正式对外宣布：与优步(Uber)全球达成战略协议，滴滴出行将收购优步中国的品牌、业务、数据等全部资产在中国大陆运营。交易达成后，滴滴出行和优步全球将相互持股，成为对方的少数股权股东。

滴滴是一款立足于LBS(地理位置)的O2O(线上到线下)打车应用软件，主要面向乘车打车客户和出租车司机。滴滴打车是由北京小桔科技有限公司研发推出的，将传统出租车与乘客间的被动等待转化为主动联系。乘客可以轻松发单，随时随地打车；司机可以降低空驶率，轻轻松松多赚钱。小桔科技是腾讯投资的一家移动互联网公司，致力于移动交通的发展，为乘客提供便利。滴滴新Logo设计上采用了滴滴拼音首字母D的抽象化设计，一方面象征着微笑，表达了"滴滴一下，美好出行"的企业理念；另一方面，也是抽象描绘了道路的形象，代表了滴滴所处的行业。Logo右上角的缺口，表明滴滴"对完美追求永远觉得差一点，对用户体验的追求永远觉得还差一点"。

12.1.2 商业模式分析

1) 战略目标

滴滴出行最终的战略目标是搭建一套完整的生态体系，在其强大的大数据分析和应用能力的支持下，未来滴滴将成为一个巨型O2O平台，将链接一切与出行相关的资源，满足多个应用场景需求。出行是个很大的范围，有海、陆、空多种交通工具，还有客运与货运之区别。滴滴方面未透露平台的具体构想，"我们正在依托大数据挖掘和应用驱动公司走向新征程。"滴滴CEO程维表示，滴滴的梦想是建设一个中国人领导的、全球最大的一站式出行平台。

滴滴总裁柳青表示，平台有其规模效应：随着平台上乘客和订单的增长，司机的接单率和收入也会随之增长，同时降低了乘客的等待时间和单次出行成本，这会形成一个正循环,促使提高司机效率和运力以及多样化的服务供给,从而进一步缩短乘客等待时间和成本,提高服务可靠性和满意度。更重要的是,平台化的商业模式将会产生显著的协同效应,能够提供给乘客全套的出行解决方案、更短的出行等待时间和更低的成本,最终保证较高的乘客留存率;而对司机而言,平台提供了跨业务转换的选择,提供给他们高黏性的乘客和更高的收入。

2) 目标用户

滴滴现在已经不仅仅是一个面向出行难,为解决客户出行问题的软件了。到2015年,滴滴是搭建了一个平台,一方面为135万的出租车司机、200万的专车司机、460万的顺风车司机,还有100万的代驾司机提供就业机会;另一方面为任何有出行意向的客户群体提供更快更好的出行方案。

3) 产品服务

滴滴的主要产品服务在于滴滴打车,也就是出租车服务、快车服务,其次还有顺风车、代驾和企业用车服务。

(1) 滴滴打车:长久以来,出租车都在类似于一个封闭式的体系里,滴滴打车在此间为他们构建一个互利互惠的平台,让出行的人更容易叫到出租车,也让出租车迅速地接单。滴滴快车最大的优势是可以借助社会闲置车辆和运力,通过大数据智能匹配缓解城市高峰期运力短缺的现象,尤其对于乘客上下班出行效率将带来明显改善,使得乘客出行更加方便。

(2) 滴滴顺风车:滴滴顺风车有着稳定、简洁、安全的特点,能够在一站式、无需预付费而且每单都有50万保险的情况下,愉快地完成整个旅程。各个方面都较滴滴打车有较强优势,满足了另一部分人的需求。

(3) 滴滴代驾:滴滴代驾致力于倡导安全、健康的出行理念,通过宣传让人们意识到酒驾、疲劳驾驶等隐患驾驶的危害,坚持"在乎你的车,更在乎你"的服务理念。

(4) 滴滴企业:滴滴企业出行服务与企业采取公对公结算形式,用户在使用企业出行服务时,无需安装APP和索要发票,可通过滴滴企业出行服务PC端入口,实现一键式约车、代叫车、异地预约或实时叫车功能。另外,滴滴企业出行服务的系统可自动记录行程单,并设立一对一客服和后台对账系统,免除了企业员工在出行时打车难、报销繁琐等问题。在费用方面,实行价格透明化,用车前系统会预估费用,并自动记录行程单,在后台也可实时查询财务明细。

"滴滴出行"APP改变了传统打车方式,建立培养出大移动互联网时代下引领的用户现代化出行方式。较传统电话召车与路边扬招来说,滴滴打车的诞生更是改变了传统打车市场格局,颠覆了路边拦车概念,利用移动互联网特点,将线上与线下相融合,从打车初始阶段到下车使用线上支付车费,画出一个乘客与司机紧密相连的O2O完美闭环,最大限度优化乘客打车体验,改变传统出租司机等客方式,让司机师傅根据乘客目的地按意愿"接单",节约司机与乘客沟通成本,降低空驶率,最大化节省司乘双方资源与时间。产品优势在于它可以匹配用户和司机的需求,减少司机的空载,提高效率。滴滴出行具有互动性强、渗透性强、灵活性强、操作性强等特点。它容易与线下活动相结合,可以通过APP与线下活动相结合、与电子商务网站相结合,形成较好的效果。

12.1.3 盈利模式

滴滴前期无任何盈利,前期主要是培养用车市场的习惯,以补贴的策略来培养客户打车习惯,同时也是为了发展用户数据,提升市场占有率。其后期的盈利模式主要可以分为以下几个方面:

1) 收取交易服务费

当消费者打车成为习惯后就可以向出租车、快车和专车等收取交易费用,通过调配乘客与出租车司机间的信息连接效率,在乘客端和司机端赚取信息服务费。但前提条件是,未来乘客出行与司机营运使用滴滴打车的用户覆盖都要达到很大的规模。

场景一:在同一时段、同一区域,当有很多人叫车时,如果乘客想比其他人更快地叫到车,乘客可以选择付给滴滴打车一部分信息服务费,获得优先安排出租车接单的权利。

场景二:当乘客在忙时时段、恶劣天气等条件下加价叫车时,此时附近有多辆出租车在响应抢加价订单,如果某个出租车司机选择出让部分加价费用给滴滴打车,则可获得优先接单机会。

基于场景一、二,滴滴打车分别从乘客端和司机端抽取了信息服务费来获得收入。其实,这种商业模式的本质是解决司机、乘客两端信息不对称的问题,但对滴滴的大数据实时分析与计算能力有很大的挑战。不过,滴滴未来依靠大数据分析获取收入的盘子有多大,或者最终获得纯利润的占比有多高,都一定是取决于滴滴的用户规模。

2) 广告收入

在APP上插入广告界面和链接页面,客户点击即收取相关费用;按工作日、节假日切割,分析用户历史出行记录,提取用户节假日出行数据,挖掘、预测用户常去位置的潜在信息点,描绘用户的消费需求,为广告主提供精准人群曝光、覆盖服务,赚取精准广告费用。滴滴帮助企业做到精准营销,为其带来大量流量,从而提高转化率。

3) 信息价值挖掘服务

收集用户的地理位置信息,补上即时定位信息的短板,同时还可以提供各城市实时路况信息。打车软件和地图公司战略合作,为地图公司提供位置信息、城市道路信息等,都可以成为滴滴未来的盈利点。

【案例点评】

从当初滴滴打车到如今的滴滴出行,越做越大的背后,是为解决人们出行困难的执着不懈的努力,也是为构建一个司机与乘客良好互惠平台的大胆设想。互联网只是一个工具,一个企业的竞争力才是最主要的。只有一个企业具有了竞争力,互联网才会使它如虎添翼。滴滴出行的核心竞争力就在于它的覆盖面,只有基于大量的用户群体的大数据加工,配之以先进的数据处理手段并加以合理的利用,才能更好地发展自己的商业生态系统,建立自己的运营平台。这些都离不开滴滴成功的营销模式和竞争手段。滴滴真正解决中国出行难的问题,建立司机、乘客和滴滴互惠三赢的良性循环还有很多路要走。

【思考题】

(1) 请简单说明滴滴发展迅猛的几点原因。滴滴给人们生活带来了什么?

(2) 结合滴滴出行,请阐述O2O模式的概念和基本特点。

12.2 饿了么

案例网站:https://www.ele.me/

12.2.1 "饿了么"基本情况

"饿了么"是中国最专业的网络订餐平台,秉承"极致、激情、创新"的信仰,致力于推进整个餐饮行业的数字化发展进程。它为用户带来方便快捷订餐体验的同时,也为餐厅提供一体化的运营解决方案。

"饿了么"平台率先提出"C2C订餐"的概念,在重视订服务餐用户的同时,也重视服务餐厅,搭建用户和餐厅沟通的平台,推动了餐饮行业数字化的发展,无疑"饿了么"成为了区域化电子商务的领跑者。用户在订餐平台上能够看到周边餐厅信息及详细菜单,只需轻轻鼠标一点,美味即刻送到面前。整个订餐流程方便快捷,即使不注册也能订餐。在宅文化盛行、食品安全问题突出的阶段,"饿了么"为用户提供了更多吃的选择。截至2015年12月,"饿了么"业务已覆盖超过300个城市,交易额突破1亿元,日订单量超过330万单,创下外卖O2O行业新高。"饿了么"自营配送队伍已超过6 000人,蜂鸟配送员超过50万人,旗下供应链平台"有菜"日交易额已超过600万元。

12.2.2 商业模式

1) 战略目标

"饿了么"的战略目标是建立一个完善的"C2C订餐"的系统,成为中国餐饮业行业的"淘宝网",秉承"极致、激情、创新"的信仰,致力于推进整个餐饮行业的数字化发展进程以及快餐行业的总体水平,为用户带来方便快捷订餐体验的同时,也为餐厅提供一体化的运营解决方案,在不久的将来,"饿了么"打算利用移动数字化对接技术将"饿了么"订餐软件植入到移动终端去,真正实现人们随时随地都可以方便地通过手机、掌上电脑甚至是 PSP 以及任何能够连接到网络的电子产品,订购到美味的食物,真正做到引领餐厅外卖业务电子商务化、信息化的浪潮,这也是"饿了么"团队未来最有潜力的业务之一。

2) 目标用户

"饿了么"的目标用户主要是在校大学生、白领阶层,甚至是最广大的全球网民。防守高校、攻占白领、完善物流团队是"饿了么"的三大目标。

3) 产品和服务

"饿了么"提供的产品和服务是由在"饿了么"订餐交易平台开通有经营权的店铺发布产品信息,为普通用户提供外卖服务。同时"饿了么"为餐厅提供有效的管理软件:自行组装终端。

4) 赢利模式

网站的盈利模式比较简单,就是向商家拿提成以及用户排位(竞价排名),排在前面的会有费用。"饿了么"为餐厅提供有效的管理软件,也涉及在线广告业务。

5) 核心能力

"饿了么"立志成为一家以技术为核心竞争力的公司。利用技术使顾客通过网上方便、快捷地订餐,且菜式多样,一目了然。调查结果显示,有 9.9% 的调查者因为选择食物多样化而选择网上订餐服务,倾向于网络订餐的便利性和快捷性的有 70.4%;而 7% 的被调查者抱着尝试新事物的心态选择网上订餐;还有 12.7% 的调查者选择不想出门。"饿了么"的核心能力就是利用高科技为那些忙或不想出门的消费者提供便利性和快捷性的订餐服务,同时可选择食物的多样性,可以让更多的消费者长期进行网上订餐。

12.2.3 经营模式

1) 主导思想明确

"饿了么"的理念是"不仅为顾客提供方便,同时还传达一种年轻化的生活方式,并竭力使其健康化",并且"饿了么"认为,满足顾客挑剔口味的最好方法就是给顾客充分的选择权,而保证服务质量和选择的多样性是品牌成就的不二法门。"饿了么"网为了给顾客提供高质量、多样化的选择,邀请了更多的餐厅加盟。

2) 交易流程简单

顾客通过"饿了么"网站可以清楚地看到周边每一家餐厅的每一款菜色提供外卖

的时间,在当今宅文化盛行、食品安全问题突出的时刻,"饿了么"为用户提供了更多吃的选择。而餐厅只需安装"饿了么"网络订餐系统特制的终端就能轻松地管理自己的网上餐厅(其中包括:订单处理打印,营业额统计,优惠信息发布等功能)。在交易完成后,顾客还可以获得"饿了么"网站赠送的10倍于订餐价格的积分,用来兑换"饿了么"网站提供的精致礼品。

3) 推广活动

"饿了么"的推广让用户感受到的是线下有档次的宣传以及线上有内涵的渗透。"饿了么"每一次宣传都不会以其单独的面貌出现,而是结合了其客户群体的特点来选择其兴趣点进行推广的。线上的推广则主要集中在微博宣传,微博的内容自然是关于饮食与健康这一主题,同时又为大学生这一群体及时发布最新的相关资讯,比如就业招聘、旅游与美食,既贴近生活又提升了"饿了么"的品牌力量。

12.2.4 管理模式

1) 企业文化

"饿了么"整合了线下餐饮品牌和线上网络资源,用户可以方便地在线订餐、享受美食。与此同时,饿了么向用户传达一种健康、年轻化的饮食习惯生活方式。除去为用户创造价值,"饿了么"率先提出C2C网络订餐的概念,为餐厅提供一体化运营的解决方案。

"饿了么"隶属于上海拉扎斯信息科技有限公司。"拉扎斯"来源于梵文"Rajax",寓意着"激情和能量"。公司始终将自己定位成一家创业型公司,充满激情,充满能量。公司秉承"极致、激情、创新"的信仰,致力于推进餐饮行业数字化的发展进程。

"饿了么"注重人才的选、育、用,视人才为最宝贵的财富。"饿了么"为每位员工提供良好的发展空间,提供一个大的舞台,尽情发挥自己的才能和智慧,与公司一起共同快速地成长。"饿了么"对于所有岗位的员工,均要求有如下三个品质:

(1) 激情:"饿了么"的初始文化理念感染着每一位员工,传递出去的是一种激情信仰。

(2) 责任心:"饿了么"率先提出C2C网络订餐的概念,注重的是责任心,对餐厅、对用户同样如此。让大家从小事开始培养自己的责任心,与"饿了么"一起共同成长。

(3) 执行力:"饿了么"能在今天收获这么多的成功,那是因为一切源于执行力。任何好的创意、好的理念、好的提议或者建议,"饿了么"都会将它们一一吸收,然后传递出来的将是更好的体验。任何时刻、场合、环境下,"饿了么"每一位成员都必须具有的品质,那就是——执行力。

2) 人员管理

(1) 基于能力要素互补的管理团队:"饿了么"团队不论从性格方面,还是从能力、专业方面讲,都是一支互补性极高的团队。首席执行官张旭豪,上海交通大学研究生毕业,由于家庭原因,自小接触各种商业活动,对于创业经商有着自己独到的见解,并拥有证券从业执照,对公司治理和财务管理有着一定的经验;首席技术官汪渊,毕业于上海交通大学,作为公司的CTO,曾在各个大型的电子商务网站担任软件工程师,非常熟悉电子商务行业,此次主要负责项目WEB应用程序的开发,以及iPhone、iPad、Android等平台的应用开发。

(2) 注重人才:"饿了么"重视人才的招募,在招募人才方面最重要的要求是对方要有"激情"。除此之外,一定要工作踏实,有实干精神和团队合作精神,切忌眼高手低,并且加入团队后一定要能够全身心地投入到打拼江山中去。

3) 餐厅信用管理

餐饮业最头疼的是食品安全问题。在探索餐饮电子商务化的过程中,"饿了么"网站虽然无法直接监管各家餐厅食物质量,但是网站正在完善中的店家信用分类别评价系统将弥补这一缺陷,所有顾客对店家的关于食物味道、安全、送餐速度等的打分程序综合起来形成可见的信用等级,供顾客在订餐前作参考;任何一家餐厅出现食品安全问题都会在"饿了么"网站通报批评,降低隐患。"饿了么"在网站上设置了积分模块,每订餐一次,有相应的积分累计,到达指定的积分,可以兑换相应礼品;"饿了么"开设了订餐评价系统,客户可以评价此次的订餐体验,发表自己的看法,并对所订餐饮是否好吃给予相应的打分,这给订餐客户之间提供了良好的沟通平台。

12.2.5 "饿了么"的优势

"饿了么"的优势在于方便快捷,而且加盟商的种类较多,包含了各个层次,使食物选择相对多样,价格选择区间大。同时,"饿了么"的反馈机制更是一大亮点。33.9%的消费者会在外卖迟迟不送到的情况下,选择在"饿了么"的网页上给管理员留言要求尽快送到。消费者中有相当一部分人是比较相信与依赖"饿了么"的,而这一部分的消费者则可能就是对于"饿了么"来说非常重要的长期的且忠实的消费者。

网站作为"饿了么"的门户,比其他同类网站质量高是毫无疑问的。"饿了么"的优势在于它的定位明确和"傍大款"策略,"饿了么"的目标客户群体集中于在校大学生,致力于为宅男宅女打造足不出户的订餐文化,所以其推广和宣传比其他网站更有针对性;"傍大款"说的是"饿了么"作为一家新生代网站,一直和国内外知名大品牌合作,先后有统一、可口可乐等品牌参与其推广活动,促进了"饿了么"的形象提升。再者,"饿了么"的创立者来源于学生群体,他们的想法和思维习惯贴近现在的大学生,这样一来,其管理层也就有了好的竞争力。

【案例点评】

"饿了么"是国内较早的在线外卖订餐平台,为线下商户提供了基于互联网技术的一体化运营解决方案，建立了完善的外卖商业生态体系，搭建了外卖物流配送网络。"饿了么"通过深耕外卖市场，构建了刚需重构、充分授权、数据化地推、注重用户体验等成功模式，突破了外卖市场的瓶颈，提升了餐饮外卖服务体验，并在一定程度上解决了商户信息化和食品安全保障等难题。

【思考题】

（1）结合O2O模式的特点，简单说明"饿了么"的运营模式。

（2）"饿了么"的成功因素有哪些？

13 物联网应用

物联网(Internet Of Things,IOT)是一个基于互联网、传统电信网等信息承载体,让所有能够被独立寻址的普通物理对象实现互联互通的网络。物联网一般为无线网,由于每个人周围的设备可以达到1 000～5 000,所以物联网可能要包含500兆至1 000兆个物体,在物联网上,每个人都可以应用电子标签将真实的物体上网联结,在物联网上都可以查找出它们的具体位置。通过物联网可以用中心计算机对机器、设备、人员进行集中管理、控制,也可以对家庭设备、汽车进行遥控,以及搜寻位置、防止物品被盗等各种应用。

物联网将现实世界数字化,应用范围十分广泛。物联网的应用领域主要包括以下几个方面:运输和物流领域、健康医疗领域、智能环境(家庭、办公、工厂)领域、个人和社会领域等,具有十分广阔的市场和应用前景。

13.1 华育迪赛

案例网站:http://www.chinahyinfo.com/

13.1.1 华育迪赛简介

北京华育迪赛信息系统有限公司(简称华育迪赛)成立于1998年底,依托于中国华育发展总公司,在国家教育部、工信部和科技部的关怀下发展壮大。历经15年发展,华育迪赛拥有各种固定资产、知识产权资产和品牌资产等各类资产总价值达1.8亿元。凭借政府、科研单位的深厚基础,华育迪赛主要承担国家重点项目和教育信息化产品研究,为政府、科研院所、高校、职业学校等全国数千家单位贡献了一系列具备国际领先水平的教育设备和整体解决方案。

北京市延庆县经济菜种植基地也是基于北京华育迪赛信息系统有限公司进行远程监测、数据采集系统的,华育迪赛信息系统为实现农业现代化,科技兴农起到了重要的作用。北京华育物联网智慧农业系统,对大棚里的温度、湿度进行采集,并进行上传。蔬菜大棚里的温度、湿度对农作物的生长起到关键作用,农业专家可通过视频图像判断植株生长情况、是否有病虫害、大棚的温湿度是否合适,并可结合土壤酸碱度等信息,对农户进行相应指导。该系统很大程度上缓解了我国农业专家短缺、农民专业种植知识匮乏的现状,使专家足不出户,就可以为农民实时提供种植指导,极大节约了专家的"出诊"成本,提高工作效率。系统的施行,使得以往很多农业专家亲自下到田间地头的工作可以足不出户完成,一天可为身处不同区域的多个农户提供种植指导,颠覆了传统农业专家的工作模式。同时系统采集的数据也可以作为产量预测的依据,为国家宏观调控提供依据。

13.1.2 智慧农业蔬菜大棚

农业物联网建设主要包括环境、动植物信息检测,温室、农业大棚信息检测和标准化生产监控,农业中的节水灌溉等应用模式,例如农作物生长情况、病虫害情况、土地灌溉情况、土壤空气变更、畜禽的环境状况以及大面积的地表检测,收集温度、湿度、风力、大气、降雨量,有关土地的湿度、氮浓缩量和土壤 pH 值等信息的监测。同时农业信息化建设还应包括农村远程医疗、农村党员远程教育、农业知识远程教育等方面的内容。

华育迪赛是中国领先的物联网设备和解决方案提供商。他们基于客户需求持续创新,在物联网传感器、物联网模块、移动物联网和云计算等几大领域都确定了行业领先地位。凭借在物体感知、数据传输等领域的综合优势,华育迪赛已经成为物联网时代的领导者。

1) 温室大棚发展历史

我国是应用温室栽培历史最悠久的国家,在 2000 多年前就已经能利用保护设施(温室的雏形)栽培多种蔬菜。20 世纪 50 年代,我国从苏联引进的保护地栽培技术是简易的设施农业。60 年代末,我国北方地区基本形成了保护地生产技术体系。70 年代,地膜覆盖技术得到引进推广。80 年代,以日光温室、塑料大棚和遮阳网覆盖栽培为代表的设施园艺得到发展,设施栽培发展到一个新的阶段。90 年代,我国大规模引进国外大型连栋温室及配套栽培技术,中国设施农业逐步向规模化、集约化和科学化方向发展。温室大棚在现代中国农业得到迅速发展,建国初期的面积不足 2 万亩,到 2015 年,设施农业面积已经发展到 410 多万亩,成为全世界设施农业面积最大的国家,约占世界设施栽培总面积的 85%。

然而,在我国的温室大棚发展中,存在着许多问题,诸如设施技术水平低、环境调控能力差、机械化程度低、相关标准和规范滞后、理论和技术研究较落后。与现在智能农业、机械农业的理念相差较大,在人力、成本等因素上严格制约着温室大棚的发展。

由于当今科学技术的高度发展,采用现有的机械化、工程化、自动化技术,国外已实现设施内部环境因素(如温度、湿度、光照、CO_2 浓度等)的调控,由过去单因素控制向利用环境计算机多因子动态控制系统发展;温室环境控制和作物栽培管理向智能化、网络化方向发展,而且温室产业向节约能源、低成本的地区转移,节能技术成为研究的重点。

2) 智能温室的发展方向

智能温室系统是一种结合了计算机自控技术、智能传感技术等高科技手段的资源节约型高效设施农业技术。它主要是根据环境的温度、湿度、二氧化碳含量、光照、雨量以及土壤状况等因素,来控制温室内的各项指标和各种营养元素配方,以创造出适合作物生长的最佳环境。很显然,如何准确、稳定、方便地得到这些环境信息就成为整套系统的关键。随着近几年短距离无线通信的发展,新兴的无线传感网技术为智能温室系统中的传感环节提供了有力的技术保障。未来,智能温室的发展方向将主要围绕以下几个方面:

(1) 高科技种植:国内温室整体的科技含量仍然低于国外,我国高科技智能温室虽然起步晚但其发展速度相当迅速,主要原因是国内对于智能温室的需求很大。

(2) 生态餐厅:目前在国内已逐步兴起,符合现代人绿色、环保、健康的生活理念。

(3) 花卉市场:智能温室与花卉市场的结合,在国外早已形成规模,在国内也开始兴建,未来10年,智能温室花卉市场将在国内也逐步形成规模。

3) 智慧农业系统建设目的

智慧农业是农业生产的高级阶段,是集新兴的互联网、移动互联网、云计算和物联网技术为一体,依托部署在农业生产现场的各种传感结点(环境温湿度、土壤水分、二氧化碳、图像等)和无线通信网络实现农业生产环境的智能感知、智能预警、智能决策、智能分析、专家在线指导,为农业生产提供精准化种植、可视化管理、智能化决策。建设智慧农业系统,除了满足农业服务业的需求外,其在高等教育中的目的在于:

(1) 承担计算机科学与技术、电子信息工程、通信工程、应用电子技术等专业的单片机实验、电子实训、课程设计、毕业设计、电子竞赛的任务,提升学生动手能力,从而提高学生的就业率。

(2) 承担无线传感网络、物联网技术的应用试验,提高学生对于新技术的掌握。

(3) 给学生在物联网应用方面提供一个现实案例,抛砖引玉,激发学生对其他应用的探究。

(4) 提供学生的科研能力,间接地促进中国温室大棚的发展,减少成本,提高农产品质量。

13.1.3 系统设计

1) 智慧农业控制系统工作原理

物联网智慧农业项目采用无线传感网技术实现对数据的采集和控制,项目采用Zigbee协议组建无线传感网络,采用Linux操作系统的嵌入式网关技术实现Internet的远程访问与控制功能，GPRS网的远程访问与控制功能、视频监测功能和数据显示功能。原理图和整体方案如图13-1与图13-2所示。

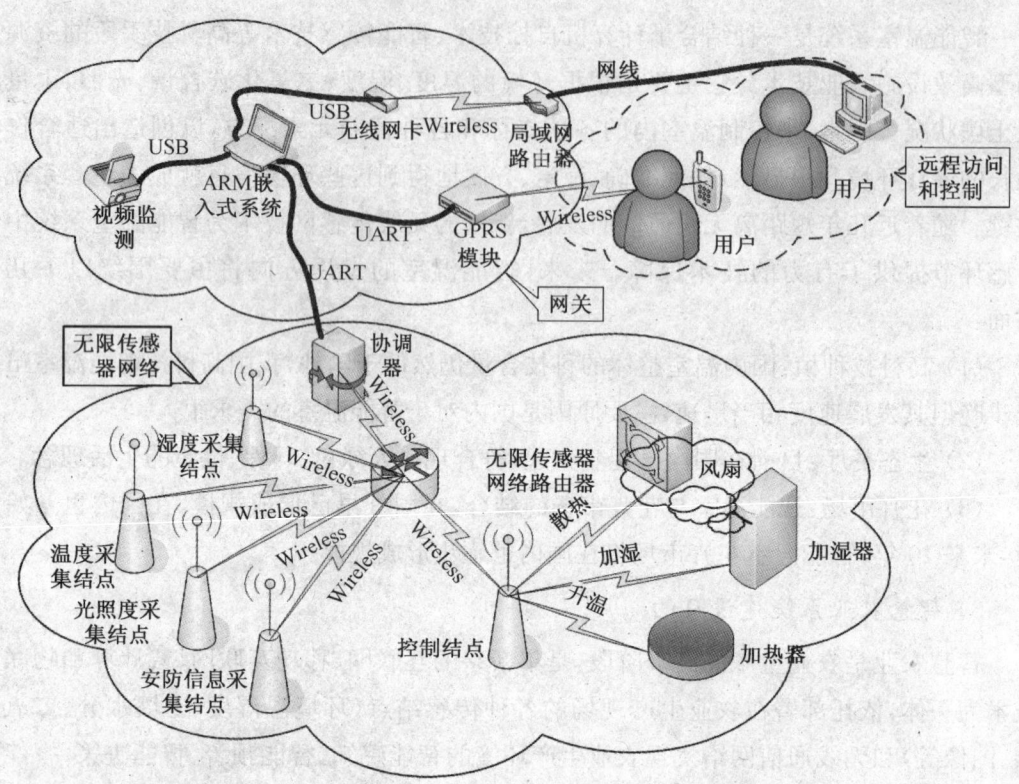

图 13-1　物联网智慧农业实训系统 ITS-WSNCE/A 原理图

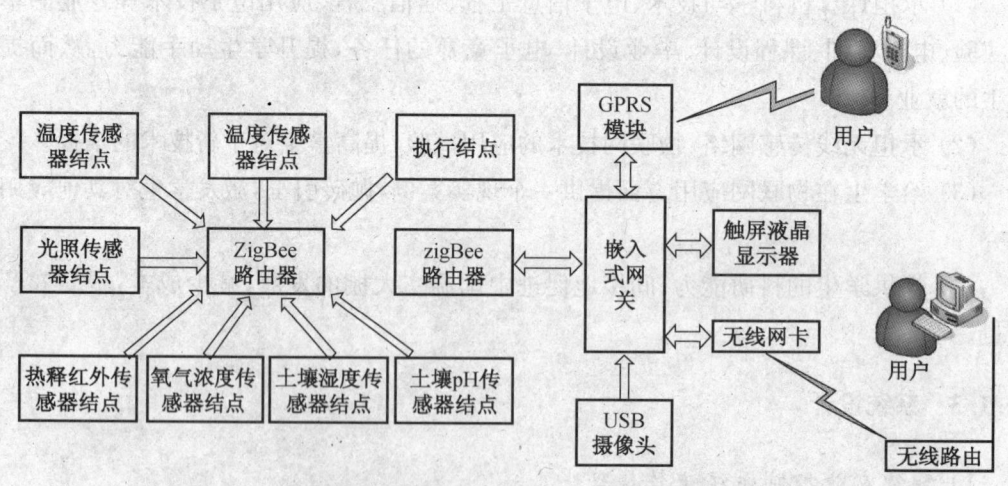

图 13-2　物联网智慧农业实训系统 ITS-WSNCE/A 结构图

2) 智慧农业控制系统功能描述

物联网智能温室控制系统采用当前比较热门的无线传感器网络技术、ARM 嵌入式技术和传感器技术相结合的方式，精准采集温室内部环境的各项指标，驱动相应执行器件(风扇、加湿器、加热器)平稳控制温室内部环境的变化。系统实现了如下 17 项功能：

(1) 空气温湿度监测功能：工作人员可根据温湿度采集结点配备的温湿度传感器 SHT10，实时监测温室内部空气的温度和湿度。测湿精度可达±4.5%RH，测温精度可达±0.5℃(在 25℃)。

(2) 土壤湿度监测功能：土壤湿度采集结点配有土壤湿度传感器，实时监测温室内部土壤的湿度。

(3) 光照度监测功能：光照度采集结点采用光敏电阻来实现对温室内部光照情况的检测，其实时性强，应用电路简单，便于学生实验。

(4) 土壤 pH 监测功能：土壤 pH 采集结点采用土壤 pH 传感器来实现对温室内部土壤 pH 情况的检测。

(5) 鱼池氧气溶度监测功能：鱼池氧气溶度采集结点采用氧气溶度传感器来实现对鱼池水中氧气溶度鱼池氧气溶度的检测。

(6) 安防监测功能：当温室周边有人出现时，安防信息采集结点便向主控中心发送信号，同时光报警。安防信息采集结点采用的传感器为人体红外感应模块，它检测的最远距离为 7 米，角度在 100 度左右。

(7) 视频监测功能：摄像头实时捕获温室内部的画面，而后通过 USB 接口将画面数据传输给网关处理。管理者既可以在触屏液晶显示器上看到温室内部的实时画面，又可以通过 PC 机远程访问的方式来观看温室内部的实时画面。

(8) 控制风扇促进植物光合作用功能：植物光合作用需要光照和二氧化碳。当光照度达到系统设定值时，系统会自动开启风扇加强通风，为植物提供充足的二氧化碳。

(9) 控制加湿器给空气加湿功能：如果温室内空气湿度小于设定值，系统会启动加湿器，达到设定值后便停止加湿。

(10) 控制喷淋装置给土壤加湿功能：当土壤湿度低于设定值时，系统便启动喷淋装置来喷水，直到湿度达到设定值为止。

(11) 控制加热器给环境升温功能：当温室内温度低于设定值时，系统便启动加热器来升温，直到温度达到设定值为止。

(12) 控制喷水装置给鱼池增氧功能：当鱼池氧气溶度低于设定值时，系统便启动喷水装置来增氧，直到氧气浓度达到设定值为止。

(13) 局域网远程访问与控制功能：物联网通过网关加入局域网。这样用户便可以使用 PC 机访问物联网数据，通过操作界面远程控制温室内的执行器件，维护系统稳定。

(14) GPRS 网络访问功能：物联网通过网关接入 GPRS 网络。用户便可以手机来访问物联网数据，了解温室内部环境的各项数据指标（温度、湿度、光照度和安防信息）。

(15) 控制参数设定及浏览：对所要实现自动控制的参数（温度、湿度、氧气浓度等）进行设置，以满足自动控制的要求。用户既可以直接操作网关界面上的按钮来完成系统平衡参数的设置，又可以通过 PC 机或手机远程访的方式完成参数的设置。

(16) 显示实时数据曲线：实时趋势数据曲线可将系统采集到的温室内的数据以实时变化曲线的形式显示出来，便于观察系统某时间段内整体的检测状况。

(17) 显示历史数据曲线：可显示出温室内各测量参数的日、月、年参数变化曲线，根据该曲线可合理的设置参数，可分析环境的变化对植物生长的影响。

3）智慧农业控制系统结点原理图

各结点原理图如图 13-3、图 13-4、图 13-5 与图 13-6 所示。

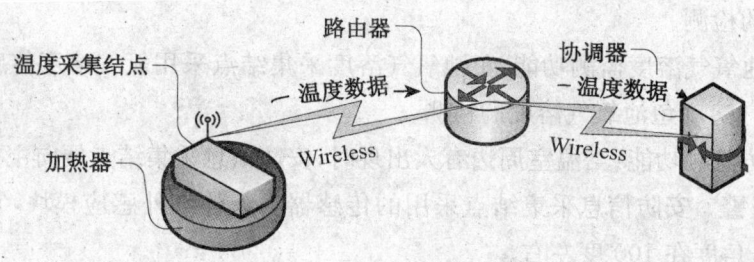

图 13-3 温度结点工作原理图

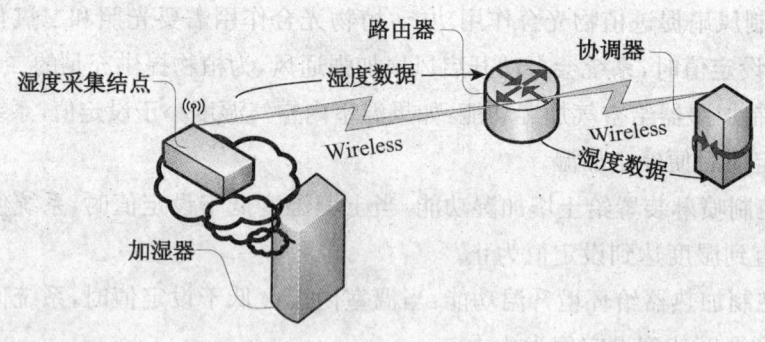

图 13-4 湿度采集结点工作原理图

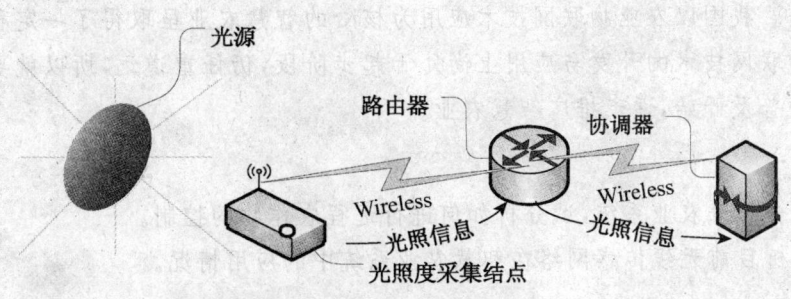

图 13-5 光照度采集结点工作原理图

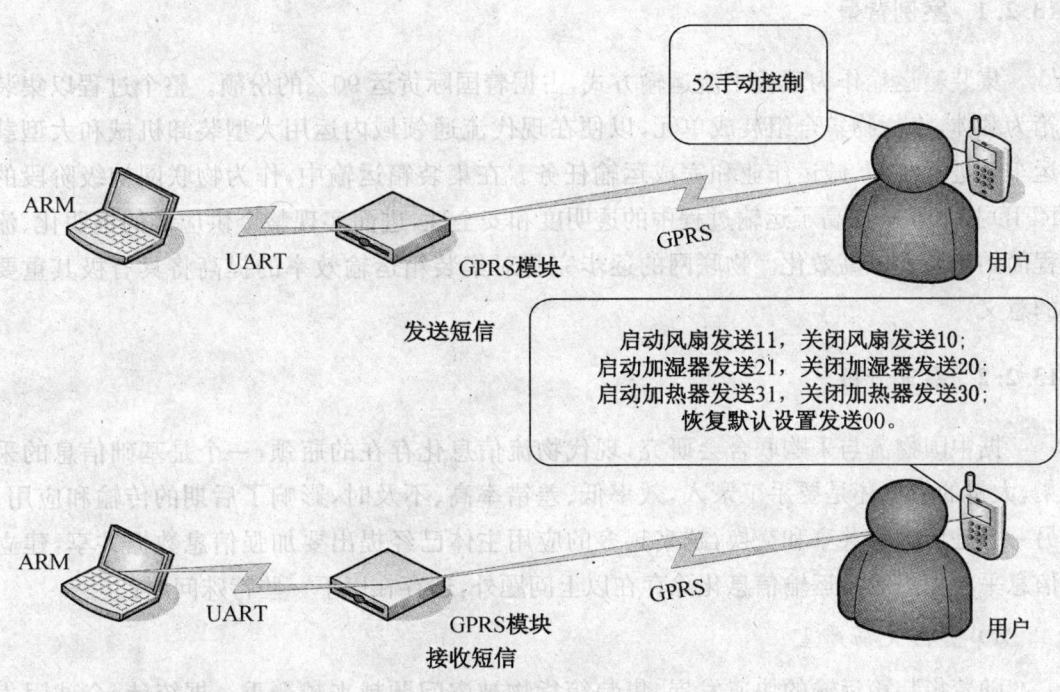

图 13-6 手机远程控制原理图

【案例点评】

农业是物联网技术的重点应用领域之一,也是物联网技术应用需求最迫切、难度最大、集成性特征最明显的领域。农业智能化已成为我国现代农业发展的新方向,发展智慧农业也成为发展的必然路径。农业实时传感数据是精准农业和智慧农业的基础;低成本和方便易用的物联网无线传感设备和无线控制设备是精准农业和智慧农业能否广泛应用和普及的关键,而了解农业物联网技术,学会应用相关的传感和控制设备则是一切实现的前提。我国以农业物联网技术应用为核心的智慧农业虽取得了一定程度的发展,但在农业物联网技术的开发与应用上尚处于起步阶段,仍任重道远,所以就要从头做起,从物联网的普及开始,逐步推广智慧农业。

【思考题】

(1) 结合智慧农业系统,试分析如何进行远程农作物的控制。
(2) 分析目前无线传感网络在智慧农业系统中的应用情况。

13.2 物联网技术在集装箱管理中的应用

13.2.1 案例背景

集装箱运输作为现代主流运输方式,占据着国际货运 90% 的份额。整个过程以集装箱为载体,将货物集合组装成单元,以便在现代流通领域内运用大型装卸机械和大型载运车辆进行装卸、搬运作业和完成运输任务。在集装箱运输中,作为物联网初级阶段的 RFID 技术显著提高了运输过程中的透明度和安全性,进而实现整个供应链的透明化、流程简约化和运输高效化。物联网的逐步完善对集装箱运输效率的提高将具有极其重要的意义。

13.2.2 需求分析

据中国物流与采购联合会研究,现代物流信息化存在的瓶颈,一个是基础信息的采集,大量的信息还是要手工录入,效率低、差错率高、不及时,影响了后期的传输和应用;另一个是信息的共享和交换,越来越多的应用主体已经提出要加强信息数据共享,建立信息平台。集装箱运输信息化除存在以上问题外,还存在以下一些特殊问题:

1) 货物失窃严重

随着集装箱运输的快速发展,集装箱货物被盗问题越来越严重。据统计,全球因集装箱失窃造成的损失接近 500 亿美元,算上因此导致的间接损失,全球每年损失 2 000 亿美元。为解决这个问题,可提高港口的抽检率。港口运输模拟实验表明,当对集装箱的随机抽检率达到 5% 时,港口就会陷入瘫痪;如果降低抽查率,又无法有效防止犯罪分子用集装箱走私或者运输违禁物品。大型的集装箱 X 光机虽能透视箱内货物,但透检一只集装箱就需要 5 分钟,每天满负荷也只能透检 240 只,而且 X 光机辨别违禁品仍要靠人的肉眼,同样降低了可靠性。

2) 集装箱识别精度低

在运输过程中,集装箱是通过它的唯一标识——箱号来识别的;集装箱交接同样也是以箱号为准。但人工采集数据有35%是不准确或不实时的,而采用图像识别方式进行监管,则需要用4~5台摄像头同时拍摄,成本较高,识别率仅达80%,雨雾中识别率还要低,影响到整个供应链的效率。

而物联网中的RFID等技术作为前端的自动识别与数据采集技术在物流的各主要作业环节中应用,可以实现物品跟踪与信息共享,极大地提高物流企业的运行效率,实现可视化供应链管理,在物流行业有着巨大的应用空间和发展潜力,在物流信息化中占有举足轻重的地位。

通过以上分析,应用物联网中的RFID等技术来构建一个集装箱管理系统,能够对集装箱运输的物流和信息流进行实时跟踪,从而消除集装箱在运输过程中可能产生的错箱、漏箱事故,加快通关速度,提高运输安全性和可靠性,从而全面提升集装箱运输的服务水平。

13.2.3 系统设计

典型的基于RFID技术的物联网应用方案应该包括硬件系统和软件系统两个方面。硬件系统由RFID自动识别系统、全球定位系统、激光扫描系统和通信系统等组成;软件系统包括RFID信息管理系统和与之整合的港口集装箱管理系统。集装箱上的电子标签可以记录固定信息,包括序列号、箱号、持箱人、箱型、尺寸等;还可以记录可改写信息,如货品信息、运单号、起运港、目的港、船名航次等。

整个物联网应用可以分为3层:第一层是传感网络,即以二维码、RFID、传感器为主,实现对集装箱等物品的识别;第二层是传输网络,即通过现有的互联网、广电网络、通信网络等实现数据的传输与计算;第三层是应用网络,即输入输出控制终端,可基于现有的手机、个人电脑等终端进行。

EPC系统是一个非常先进的、综合性的和复杂的系统。其最终目标是为每一个集装箱的物品建立全球的、开放的标识标准。它由EPC编码体系、射频识别系统及信息网络系统3部分组成,主要包括6个方面,如表1所示。

表1 EPC系统的构成

系统构成	内容
EPC编码体系	EPC编码标准
射频识别系统	EPC标签
	射频读写器
	EPC中间件
信息网路系统	对象名称解析服务
	实体标记语言

(1) EPC 编码标准：EPC 编码是 EPC 系统的重要组成部分，它是对实体及实体的相关信息进行代码化，通过统一并规范化的编码建立全球通用的信息交换语言。EPC 编码是 EAN. UCC 在原有全球统一编码体系基础上提出的新一代编码。

(2) EPC 标签：EPC 标签由天线、集成电路、连接集成电路与天线的部分、天线所在的底层 4 部分构成。EPC 码是存储在 RFID 标签中的唯一信息。

(3) 射频读写器：在射频识别系统中，射频读写器是将标签中的信息读出，或将标签所需要存储的信息写入标签的装置。读写器读出的标签的信息通过计算机及网络系统进行管理和信息传输。

(4) EPC 中间件（Savant）：每件产品都加上 RFID 标签之后，在产品的生产、运输和销售过程中，读写器将不断收到一连串的产品电子编码。整个过程中最为重要、同时也是最困难的环节就是传送和管理这些数据。Auto-ID 中心提出一种名叫 Savant 的软件中间件技术，相当于该新式网络的神经系统，负责处理各种不同应用的数据读取和传输。

(5) 对象名解析服务（Object Name Service，ONS）：类似于互联网中的 DNS。EPC 标签对于一个开放式的、全球性的追踪物品的网络需要一些特殊的网络结构。因为标签中只存储了产品电子代码，计算机还需要一些将产品电子代码匹配到相应商品信息的方法。这个角色就由对象名称解析服务担当，它是一个自动的网络服务系统。

(6) 实体标记语言（Physical Markup Language，PML）：类似于互联网中的标记语言。EPC 识别单品，但是所有关于产品有用的信息都用 PML 所书写，PML 是基于为人们广为接受的可扩展标识语言（XML）发展而来的。PML 提供了一个描述自然物体、过程和环境的标准，并可供工业和商业中的软件开发、数据存储和分析工具之用。它将提供一种动态的环境，使与物体相关的静态的、暂时的、动态的和统计加工过的数据可以互相交换。因为它将会成为描述所有自然物体、过程和环境的统一标准，PML 的应用将会非常广泛，并且进入到所有行业。

13.2.4 物联网的层次关系

EPC 系统在工作时，先由读写器通过天线发送一定频率的射频信号，当 EPC 标签进入读写器的工作范围时，其天线产生无线电波，从而使 EPC 标签获得能量被激活并向读写器发送自身的编码等 EPC 信息；读写器在接收到来自 EPC 标签的载波信息，并对接收信号进行解调和解码后，会将其信息送至中间件 Savant 系统进行处理；通过互联网，处理后的信息被传送到 ONS 服务器，找到数据库中信息所对应的 IP 地址；EPC 中间件按着所对应的 IP 地址，到保存着产品信息的 EPCIS 查找，得到的产品信息再通过互联网传送到用户手中。

整个物联网流程集前端数据采集，中间层数据处理、物理设备管理监控，后端安全认证、通关业务应用于一体，涉及 RFID 软硬件集成中间件、物流通关信息服务基础平台、物流通关应用系统等关键技术。可以让现代物流通过挖掘、分析采集业务信息,提供多样化的报表展现,譬如在物流过程中的物品停留时间统计,物品运输异常统计,当前库存状况统计等。通过数据库与 RFID 技术的结合,实现各种应用设备集成业务系统融合,解决物流通关系统 RFID 软硬件集成、各物流和通关业务系统的互联互通等迫切问题。

【案例点评】

RFID 技术、传感技术等作为物联网的基础,在交通运输行业有着广泛的应用,主要包括电子政务领域、智能交通领域、运输/物流领域等。对进出港区的集装箱车辆进行自动识别,提高闸口通过速度,减少集疏港作业的拥堵现象,体现了管理智能化、物流可视化、信息透明化的理念和发展趋势。

物联网虽然尚属起步阶段,但是可以看到,基于 EPC/RFID 技术的物联网已经深深地融入到供应链管理的各个环节中。随着物联网在集装箱运输中的运用,必将导致集装箱运输的智能化。而集装箱运输智能化所带来的变革可以体现在航运供应链的所有结点上,为所有供应链的参与者创造更多的价值。对于供应链中的货主、托运人和承运人来说,他们不用付出任何成本,通过可接入互联网的各种终端,就可随时随地获知货物状况,享受智能集装箱系统带来的安全性和及时性等方面的变革;对于供应链中的港口和货运站来说,智能集装箱系统的使用可以减少因劳动力雇佣所带来的人力成本,同时节约了大量的港口和货运站监控成本。随着政府对物联网的高度重视和 RFID 等技术的不断成熟以及理论研究的不断深入,物联网必将对供应链的未来发展发挥积极的作用,在供应链管理中应用领域也会越来越广阔。

【思考题】

(1) 结合本案例,分析物联网在集装箱管理应用中的意义。
(2) 讨论现代物联网技术在集装箱管理应用中的不足。

参 考 文 献

[1] 陈德人,张少中,徐林海,等. 电子商务案例分析[M]. 北京:高等教育出版社,2014.
[2] 陈德人,徐林海,桂海进,等. 电子商务实务[M]. 北京:高等教育出版社,2014.
[3] 阿里研究中心. 灯塔:点亮网商路[M]. 北京:电子工业出版社,2011.
[4] 何佳艳. 顺丰:快递的逆袭[J]. 投资北京,2012(7):50-52.
[5] SFA:联邦快递的管理"润滑油"[EB/OL]. (2011-05-06). http://www.frrc.com.cn/HRpd/HRpd_FinalPage.asp? ArticleId=1347&categoriesId=15.
[6] 维基百科:联邦快递[EB/OL]. (2011-05-06). http://wiki.mbalib.com/wiki/%E8%81%94%E9%82%A6%E5%BF%AB%E9%80%92%E5%85%AC%E5%8F%B8.
[7] 李斌. 腾讯第三方支付平台财付通发力"微支付"[N]. 京华时报,2012-04-16.
[8] 支付宝和财付通的生存模式:平台化扩张[EB/OL]. (2011-06-14). http://www.21so.com/HTML/21cbhnews/2011/6-14-75990.html.
[9] 银行试水大数据时代[EB/OL]. (2013-02-22). http://bank.jrj.com.cn/2013/02/24092915080634-1.shtml.
[10] 王静一. 从淘宝网的竞争策略看C2C市场发展[J]. 商业时代,2006(14):70-71.
[11] 霍晓萍. 聚划算的团购模式及其发展策略[J]. 经济导刊,2011(12):46-47.
[12] 浩然. 美团网:服务电商的逆袭[J]. 新经济导刊,2012(6):34-36.
[13] O2O营销模式[EB/OL]. http://wiki.mbalib.com/wiki/O2O%E8%90%A5%E9%94%80%E6%A8%A1%E5%BC%8F.
[14] 刘泳. C2B模式在本地生活服务O2O行业的运用[J]. 深圳信息职业技术学院学报,2014(1):62-66.
[15] 亚马逊的弹性计算云[EB/OL]. (2014-12-5). http://www.searchcloudcomputing.com.cn/whatis/word_5247.htm.
[16] 淘宝称大淘宝平台的注册用户已超过1.1亿[EB/OL]. (2009-05-26). http://www.teachweb.com.cn/news/2009-05-26/407563.shtml.

[17] 支付宝用户数突破2亿[EB/OL].(2009-07-06). http://blog.alipay.com/1048.html.

[18] 戴国良. C2B模式电子商务的产生、发展与展望[J]. 电子商务，2013(9)：25.

[19] 邢相军，贾元斌. SNS模式下的电子商务网站发展探索[J]. 生产力研究，2010(2).

[20] 陈端. 移动互联时代：O2O入口布局[J]. 北大商业评论，2014(6)：20.

[21] 陈露. O2O电子商务模式SWOT分析——以滴滴打车为例[J]. 现代商业，2015(7)：80-81.

[22] 大淘宝开放平台：购物搜索没有明天？[EB/OL].(2009-07-01). http://newsitesearch.cn/0200/20090701/96451.shtml.

[23] 罗超. 从"饿了么"看O2O营销三大特征[J]. 广告大观（综合版），2014(10)：91-92.

[24] 陈云鹏. 饿了么：校园走出的"O2O"闭环订餐平台[J]. 上海信息化，2014(6).

[25] 百度百科：FaceBook[EB/OL]. http://baike.baidu.com/view/409608.htm?fr=Aladdin.

[26] 理解亚马逊的三个层次——现在、未来和人[EB/OL].(2013-05-29). http://it.sohu.com/20130529/n377432455.shtml.

[27] 王柏，徐六通. 云计算[J]. 中兴通信技术，2010(1).

[28] 方方. "大数据"趋势下商业银行应对策略研究[J]. 新金融，2012(12)：25-28.

[29] 郑仕辉：云计算、大数据及商业银行的创新实践[EB/OL].(2013-06-06). http://www.csdn.net/article/2013-06-06/2815630.

[30] 孙忠富，杜克明，尹首一. 物联网发展趋势与农业应用展望[J]. 农业网络信息，2010(5)：5-8.